Die Berg- und Talfahrt hat ein Ende

Dieses Buch beschreibt einen einfachen und praktikablen Ausweg aus dem Ernährungs- und Übergewichtsdilemma, in dem sich ein Großteil der Menschen unserer Gesellschaft befindet.

Das Dilemma besteht darin, dass es unerschöpfliches Wissen über gesunde Ernährung, aber für die einzelnen Menschen kaum Empfehlungen gibt, die sie in der täglichen Praxis dauerhaft umsetzen können.

Daher steigen die ernährungsbedingten Krankheiten von Jahr zu Jahr und mehr als die Hälfte der Menschen ist übergewichtig, obwohl es hunderte von Diäten gibt.

Als Betroffener bin ich dieser Misere auf den Grund gegangen und beschreibe in diesem Buch einen unglaublich einfachen Weg, den ich selbst gegangen bin und gehe.

Inhaltlich sind ja viele Empfehlungen richtig, sobald Sie sich jedoch beim Essen die Frage stellen müssen:

„**Was darf ich essen?**", ist das bereits der erste Schritt zum Misserfolg. Es geht um die Frage: „**Was will ich essen**, damit es meinen Zellen und dem Organismus gut geht?".

Damit programmieren Sie die Atome im Körper bereits auf Erfolg und **alles wird ganz einfach.**

Dieses Buch ist eine Anleitung, mit der Sie die Freiheit erlangen, Ihr(e) eigene(r) Ernährungsexperte(in) zu werden. Es erweitert Ihre Sicht und zeigt auf, wie Sie sich mit einem Minimum an Vorgaben gesund ernähren und Ihr Übergewicht, wenn vorhanden, ohne Diäten los werden.

Essen ist ein Urinstinkt. Von den Verboten in den Ernährungsempfehlungen fühlen sich viele Menschen überfordert, von dem Urbedürfnis Essen abgelenkt und in ihrer Entscheidungsfreiheit eingeengt.

Dies ist der Knackpunkt, warum sie die bisherigen Ernährungsempfehlungen im täglichen Leben nicht dauerhaft umsetzen konnten. Dieses Buch ist **Ihre Gebrauchsanleitung für Ihren Körper**, mit der es für Sie ganz einfach wird, so zu essen, dass Sie gesund und schlank bleiben.

Essen ohne Nebenwirkungen beschreibt in einfachen Worten, was in Ihren Zellen und in Ihrem Organismus vorgeht, wenn Sie sich vorwiegend von Fleisch, Wurst, tierischen Eiweißprodukten und hochprozentigen Kohlenhydraten wie Zucker, Nudeln, Reis und sonstigen Getreideprodukten ernähren.
Diese Informationen sind für jeden Menschen gültig, da es sich um grundlegende Funktionen im Zellstoffwechsel handelt, der bei allen gesunden Menschen gleich funktioniert.

René Adamo

Essen
ohne Nebenwirkungen

Der Erfahrungsbericht
der Mut macht und inspiriert

www.abnehmen-1a.at

© 2012 René Adamo, Salzburg, Österreich

Verlag: tredition GmbH, Hamburg
ISBN: 978-3-8491-1725-2
Printed in Germany

Das Werk, einschließlich seiner Teile, ist urheberrechtlich geschützt. Jede Verwertung ist ohne Zustimmung des Verlages und des Autors unzulässig. Dies gilt insbesondere für die elektronische oder sonstige Vervielfältigung, Übersetzung, Verbreitung und öffentliche Zugänglichmachung.

Inhaltsverzeichnis

Einleitung
Ich habe nicht geahnt, dass es so einfach ist

Kapitel 1 14
Erfahrungsbericht des Autors über gesunde Ernährung

Kapitel 2 22
Warum ein Arzt/eine Ärztin Sie bei ernährungsbedingten Krankheiten nicht gesund machen kann

Kapitel 3 30
Der Tod liegt in Ihrer Einkaufstasche

Kapitel 4 34
Warum Diäten zum Abnehmen sinnlos sind und nicht funktionieren können

Kapitel 5 41
Welche Stoffe benötigt die menschliche Zelle?

Kapitel 6 54
Wie sieht Ihre tägliche Ernährung aus?

Kapitel 7 58
Warum auch **BIO** tödlich sein kann.

Kapitel 8   **61**
Warum Nahrungsergänzungsprodukte für die
meisten Menschen sinnlos sind

Kapitel 9   **63**
Wie erkenne ich meine optimale Zellnahrung

Kapitel 10   **69**
Gesund & munter mit Hausverstand

Kapitel 11   **77**
Der Erfahrungsbericht

Kapitel 12   **82**
Ernährungsübersicht

Berg- und Talfahrt in Bildern   **105**

Zusammenfassung   **113**

Einleitung

Ich habe nicht geahnt, dass es so einfach ist

Liebe Leser/innen

Der auslösende Impuls für dieses Buch war eine Erkenntnis, die für mich ein kleines Schock-Erlebnis war. Es war mir bewusst geworden, dass sehr viele Menschen selbst dafür sorgen, dass sie mindestens 10 Jahre früher als notwendig von der Bühne des Lebens abtreten.

Zu dieser Erkenntnis bin ich gekommen, nachdem es mit dem von mir eingeschlagenen Weg kinderleicht war, mehr als 25 Kilo abzunehmen. Dieser Weg beschreibt keine weitere Diät; Diäten haben bei mir nie auf Dauer funktioniert.

Hier wird eine in der täglichen Praxis erprobte Vorgehensweise beschrieben, die sich von allen bisherigen Ernährungsempfehlungen abhebt, mit denen viele Menschen schon in der Vergangenheit nicht zurechtgekommen sind.

Und außerdem: die Chance, dass eine von einem anderen Menschen erstellte Ernährungsempfehlung gerade für Sie passt, ist ähnlich groß wie die auf einen Lotto Sechser.

Die Natur hat es so eingerichtet, dass jeder Mensch, je nach Alter, je nach Tages- oder Jahreszeit, von bestimmten Stoffen mal mehr oder weniger benötigt.

Essen ohne Nebenwirkungen ist eine Wegbeschreibung und informiert nicht über die Zusammensetzung oder den Kalorienwert verschiedener Lebensmittel.

Ich bin ein Anwender, der sein Essen nach „**Bauchgefühl**" zusammengestellt und im Internet recherchiert hat, wenn ich diesbezüglich Details wissen wollte. Sie werden daher in diesem Buch keine Auflistung von Produkten finden, die Sie bevorzugt essen müssen, um fit, gesund und schlank zu bleiben; darüber wurde schon genug geschrieben.

Möchten Sie wissenschaftlich fundierte Informationen über Inhaltsstoffe von Produkten und deren Auswirkungen auf Ihre Ernährung erhalten, machen Sie sich bitte einen Termin bei einer(m) Ernährungswissenschaftler/in.

Grundsätzlich sollte es bei einer natürlichen Ernährung **keine Verbote geben.** Verbote haben noch nie zum Erfolg geführt. Wenn es Ihnen wichtig ist, dass Ihr Organismus die Energie bereitstellt, die Sie benötigen, zeigt Ihnen dieses Buch einen einfachen Weg auf, wie Sie Ihre Ernährung an Ihren ganz persönlichen Bedarf anpassen. Dabei geht es um intelligentes **Essen ohne Nebenwirkungen.**

Wurden Sie, so wie ich, schon ein paar Mal von unwirksamen Ernährungsempfehlungen oder Diäten enttäuscht?

Wenn ja, sehen Sie sich die letzten Seiten dieses Buches an; Sie sehen in Bildern meine Gewichts-Berg- und Talfahrt der letzten Jahrzehnte. Da können Sie sich ungefähr vorstellen, wie oft ich diesbezüglich falschen Ernährungsempfehlungen aufgesessen bin.

In diesen Jahren habe ich viele namhafte Bio-Hotels, Abspeckkliniken und Ernährungsexperten kennen gelernt. Ich habe unzählige Diäten hinter mir und Pillen ausprobiert, die das Fett in der Nahrung aufsaugen sollten. Nachdem die Empfehlungen nie langfristigen Erfolg brachten, bin ich diesem Problem selbst auf den Grund gegangen und habe mir folgende Fragen gestellt:

Was bedeutet richtige oder gesunde Ernährung? Was versteht man unter richtigem Essen? Was sind gesunde Lebensmittel?

Zu diesen und vielen ähnliche Fragen gibt es unzählige Bücher und im Internet kursieren ebenso viele Ernährungsempfehlungen.

Die ständig steigende, ernährungsbedingte Anzahl an Krankheiten zeigt, dass trotz umfangreicher Aufklärung dieser Trend bisher nicht gestoppt werden konnte.

Es werden Appelle ausgegeben, die da lauten:
„Seien Sie sparsam, wenn es um dies oder das geht"
„Probieren Sie magere Käsesorten"
„Essen Sie öfter Fisch"
„Essen Sie mehr Obst oder Gemüse"
„Die Ernährung sollte aus xy% Kohlehydraten bestehen"
„Verzichten Sie auf dieses oder jenes"
„Achten Sie auf eine ausgewogene Ernährung"
„Essen Sie 5 kleine Mahlzeiten" oder
„Essen Sie zum Frühstück wie ein Kaiser, zu Mittag wie ein König und am Abend wie ein Bettler"
Diese generellen Ernährungsempfehlungen sind längst Allgemeinwissen, sie berücksichtigen aber nicht die **individuellen Bedürfnisse des Einzelnen**; dies ist auch ein Grund dafür, dass sie bisher bei so vielen Menschen nicht funktioniert haben!
Es gibt Menschen, die können in der Früh noch nichts essen; sie fühlen sich müde und schlapp, wenn sie dies tun!

Was ist ausgewogen?
Wie viel darf ich essen?
Was ist weniger?
Wo muss ich ansetzen?
Muss ich alles abwiegen?
Ernähre ich mich gesünder, wenn ich nur noch biologisch erzeugte Nahrungsmittel esse?

Durch die Fülle an Informationen mit Verboten und empfohlenen Lebensmitteln, die nicht den Geschmack des Einzelnen treffen, werden viele Ernährungsempfehlungen nach kurzer Zeit nicht mehr beachtet.

Essen ohne Nebenwirkungen beschreibt in einfacher, nachvollziehbarer Weise die wesentlichen Informationen, auf die es ankommt.

Obwohl viele Menschen bewusster essen und viele auf Bio-Nahrungsmittel umsteigen, werden immer mehr krank. Es gibt jedes Jahr neue Warnungen davor, dass unser Sozialversicherungssystem bald nicht mehr finanzierbar ist.

Kapitel 1 bis 4 soll zum Nachdenken anregen. Mit welchen Informationen werden Sie davon abgelenkt, selbst die Verantwortung für Ihre Gesundheit zu übernehmen.

Die Informationen ab Kapitel 5 machen Ihnen bewusst, warum die meisten Ernährungsempfehlungen ins Leere gehen und warum das Abnehmen so einfach geht; der dazu notwendige **Universalschlüssel heißt 3.4.16** und wird in Kapitel 5 beschrieben.

Wenn Sie einige der folgenden Fragen für sich mit „Ja" beantworten müssen/können/dürfen, dann bietet Ihnen dieses Buch wertvolle Informationen, wie Sie für sich selbst eine Trendumkehr in Richtung Gesundheit einleiten können.

▶ Besteht Ihre Ernährung vorwiegend aus traditioneller Hausmannskost?

▶ Fühlen Sie sich am Morgen oft müde und schlapp?

▶ Tun Ihnen die Beine weh, wenn Sie weiter als 100 Meter laufen?

▶ Sind Sie außer Atem, wenn Sie rasch über eine Stiege in den 4. Stock gehen müssen?

► Haben Sie Gicht oder ab und zu Gelenkschmerzen?

► Tun Ihnen öfter im wahrsten Sinne des Wortes die Knochen weh?

► Nehmen Sie regelmäßig irgendwelche Tabletten?

► Haben Sie zu hohen Blutdruck?

► Quälen Sie Verhärtungen in den Schultern?

► Bist Du ein(e) Schüler/in, die/der gerne fitter sein möchte?

► Sind Sie eine Mutter, die nach der Geburt der Kinder wieder ihr Normalgewicht erreichen will?

► Sind Sie ein Mann oder eine Frau mit einer sitzenden Tätigkeit, der/die in den letzten Jahren stark zugenommen hat?

Diese Auflistung ist aber längst nicht alles. Leiden Sie an sonstigen Beschwerden, die sich trotz guter ärztlicher Betreuung nicht bessern, können Sie den beschriebenen Weg sofort ausprobieren.

Sie müssen nichts essen, was Sie bisher nicht auch schon gegessen haben und Sie müssen nichts essen, was Ihnen Ihr(e) Arzt/Ärztin verboten hat. Im Grunde geht es darum, dass Sie mit der Nahrung Ihren Zellen jene Nährstoffe anbieten, die sie auch problemlos verarbeiten können.

Die Empfehlung „Essen Sie mehr Obst und Gemüse" geht bei so vielen Menschen deshalb ins Leere, da sie nicht nachvollziehen, was es Ihnen bringt, wenn sie mehr unbedenkliche Kohlehydrate essen würden.

Vielfach herrscht auch das Denken vor, dass nur Fleisch, Fleischprodukte und Kohlehydrate in der Form von Brot, Nudeln oder Mehlspeisen Kraft geben; in Kapitel 5 wird Ihnen bewusst, **dass aber das Gegenteil der Fall ist.**

Essen ohne Nebenwirkung schließt nun diese Wissenslücke so vieler Menschen. Mit diesem Wissen im Hintergrund fällt es Ihnen dann leicht, die richtigen Schlüsse für Ihre individuelle Nahrungszusammenstellung zu ziehen.

Daher wird Ihnen in der Zukunft nur noch das Essen schmecken, das Ihnen Energie gibt und nicht Energie raubt.

Das ist leichter, als Sie nun denken, dazu müssen Sie nichts abwiegen und auch keine Kalorien zählen. Es wird auch bei Ihnen funktionieren, wenn nicht ein genetischer Defekt im Zellstoffwechsel vorliegt.

Diese Informationen sind für jeden Menschen gültig, da es sich um grundlegende Funktionen im Zellstoffwechsel handelt, der bei allen gesunden Menschen gleich funktioniert.

Sie müssen sich nur eine Frage selbst beantworten: „Will ich, dass es meinen Zellen gut geht und sie die Nährstoffe verarbeiten können, die ich ihnen über das Essen zuführe?"

10 oder 20 kg abnehmen ist unglaublich einfach. Sie erreichen dies ... ohne Diäten ... ohne Pillen ... ohne Abwiegen der Speisen ... ohne Kalorientabellen ... ohne verbotene Lebensmittel ... ohne Jo-Jo-Effekt ... ohne Psychostress.

Dieser Erfahrungsbericht zeigt Ihnen, wie Sie Ihre Intuition trainieren, ohne Kalorientabellen studieren zu müssen. Sie werden feststellen, dass Sie mit der „**Daumen mal Pi-Methode**" zum Erfolg kommen werden.

Möchten Sie alle komplizierten Zusammenhänge im Zellstoffwechsel kennen lernen, lesen Sie bitte ein anderes Buch, die werden Sie hier nicht finden. **Es geht um einen neuen Denkansatz**, wie Sie aus dem Ernährungs- und Übergewichtsdilemma herauskommen.

Mit dem neu gewonnenen Wissen wird es für Sie „**sonnenklar**" und der Verzichtsgedanke wird keinen Platz mehr haben, wenn Sie von bestimmten Lebensmitteln in Zukunft weniger essen. Sie werden einfach keine Lust mehr darauf haben, weil Sie die Folgen für Ihre Gesundheit besser nachvollziehen können.

Zur Einleitung eine Anmerkung für alle Leser/innen, die an einen Schöpfer glauben. Wenn Sie einen Bauchumfang von mehr als 100 cm Ihr Eigen nennen, zeigen Sie Ihrem Schöpfer damit, dass es Ihnen völlig egal ist, was er für Sie vorgesehen hat.

Sie verstoßen täglich gegen ein von ihm eingerichtetes Naturgesetz, wenn Sie Ihrem Organismus Nahrung geben, die er nicht verarbeiten kann.

Ja, und das ist leider sicher, Sie werden zu gegebener Zeit die Rechnung dafür präsentiert bekommen, so wie ich sie schon vor ein paar Jahren erhalten habe; **trotz Bio-Nahrung.**

Die gute Nachricht aber ist, dass Sie sich das Leid für sich selbst und Ihre Angehörigen ganz leicht ersparen können, wenn Sie jetzt umdenken.

Am Ende des Buches sehen Sie mein langjähriges Gewichtsdilemma in Bildern. Mit dem hier beschriebenen Weg können Sie Ihr Wunschgewicht ganz einfach erreichen und dieses Dilemma auch für Sie zu Ende sein.

Kapitel 1

Erfahrungsbericht des Autors zu gesunder Ernährung

Dieses Buch gibt keine ärztlichen Ratschläge und will Sie auch nicht zu irgendetwas bekehren.

Es berichtet über die Erfahrungen eines ehemals stark übergewichtigen Menschen, der mit einem unglaublich einfachen Weg fit wurde und mehr als 25 Kilo abgenommen hat.

Wie in der Einleitung bereits erwähnt, **geht es nicht um Produkte,** die Sie nicht essen dürfen oder darum, wie viele Kalorien Sie täglich zu sich nehmen sollen.

Obwohl der Wunsch nach Gesundheit bei fast jedem Menschen ganz oben in der **Wunschliste** steht, essen sich so viele Menschen mit der altbekannten Hausmannskost buchstäblich ins Grab.

Um hier nur ein Beispiel anzuführen: in Österreich erleiden jedes Jahr rund 24.000 Menschen einen Herzinfarkt und etwa 7.000 sterben daran.

Der Verschluss der Herzkranzgefäße erfolgt zum überwiegenden Teil durch **Ablagerungen in den Adern**, die durch falsche Ernährung verursacht worden sind.

Die Bilanz in Deutschland: rd. 280.000 Infarkte pro Jahr (Quelle: www.herzinfarkt-netzwerk.de). **Daran sterben täglich rd. 220 Menschen**, die sich „**gesund bleiben**" gewünscht haben. Sie konnten die bisherigen Ernährungsempfehlungen nicht für sich umsetzen, da ihnen das Hintergrundwissen fehlt.

Herzinfarkt ist aber nur eine von unzähligen Erkrankungen, die sich unbemerkt über viele Jahre hinweg, durch falsche, ungesunde Ernährung, entwickelt.

Essen ohne Nebenwirkungen beschäftigt sich daher nicht mit weiteren Apellen oder wirkungslosen Diäten.

Es geht darum, dass Sie beim Einkauf und beim Essen an jene Nahrungsmittel denken, die Ihr Organismus ohne Probleme verarbeiten kann. Der dazu passende Schlüssel ist bei allen Menschen gleich und wird in Kapitel 5 beschrieben.

Die guten Ratschläge zum Thema Abnehmen in den verschiedenen Medien, mit den zahllosen Diäten haben mich seit meiner Jugendzeit begleitet und mir nur unnötige Ausgaben, Frust und Stress beschert.

Ich gehöre zu jenen Menschen, bei denen die Eltern bereits vor der Pubertät dafür gesorgt haben, dass sie mit der doppelten Anzahl von Fettzellen ausgestattet wurden, als normale Jugendliche.

Mein bisheriges Leben war ein ständiger Kampf mit dem und gegen das Gewicht, das sich zwischen 118 kg mit 18 Jahren und 86 kg mit 35 Jahren bewegte. Das Abnehmen war stets mit dem Gefühl der Entbehrung und größten Kraftanstrengung verbunden.

Hatte ich wieder einmal 10 oder 15 kg abgenommen, war ich danach müde vom Kämpfen und belohnte mich in der Folge stets mit Genüssen, die in kleinen Schritten das Gewicht wieder nach oben klettern ließen.

Die vorliegenden Informationen beruhen auf eigenen Erfahrungen während der letzten Jahrzehnte, in denen ich mich oftmals vergeblich gequält habe, ein gesundes Körpergewicht zu erreichen und zu halten.

Die Ansätze sind ja alle da und es gibt eine riesige Vielfalt an Ernährungsvorschlägen. Das heißt aber immer, seine persönliche Ernährung nach dem Plan eines anderen Menschen auszurichten.

Viele Menschen haben einen großen Widerwillen, dies zu tun. **Sie wollen essen, was ihnen schmeckt.** Essen nach dem Plan eines anderen funktioniert nicht, da es sich dabei um einen **ständigen Eingriff in den natürlichen Lebens- und Ernährungsrhythmus** handelt.

Aber auch dann, wenn jemand nach einem genauen Ernährungsplan vorgehen will, ist das nicht richtig, wenn dabei etwas ganz Entscheidendes nicht beachtet wird (siehe Kapitel 5).

Was hilft es uns, wenn wir erfahren, dass aus den 20 Aminosäuren in unserem Körper 250.000 Eiweiße erzeugt werden können, die Zellen mit der Nahrung aber Nährstoffe bekommen, die sie gar nicht verarbeiten können?

In **Essen ohne Nebenwirkungen** wird nicht auf Details über Biologie und Chemie eingegangen, das nur verwirrt und dafür sorgt, dass die Menschen „gedanklich" aussteigen.

Es wird ein einfacher Weg beschrieben, den ich erfolgreich am eigenen Körper getestet habe und der nicht auf meine Person zugeschnitten war.

Es geht um den Zellstoffwechsel im menschlichen Körper, der nach bestimmten Gesetzmäßigkeiten funktioniert.

Beachten Sie diese Naturgesetze nicht, nehmen Sie die Folgen für sich ab jetzt ganz bewusst in Kauf. Die Folgen für Ihr Fehlverhalten erreichen Sie mit absoluter Sicherheit; **Sie haben nicht die geringste Chance, der Evolution (oder der Schöpfung) ins Handwerk zu pfuschen.**

Auch wenn Sie keine der Beschwerden haben, die auf der ersten Seite angeführt sind, können Sie diesen Weg sofort ausprobieren.

Die enthaltenen Informationen werden Ihre Einstellung zum Essen und zu gesunder Ernährung grundlegend verändern. Wenn sie das nicht tun, schreiben Sie mir. In diesem Falle fehlt Ihnen vermutlich nur ein kleines Puzzleteil, damit Sie die Zusammenhänge erkennen.

Dieses Buch könnte auch ein paar hundert Seiten umfassen, es wurde aber ganz bewusst auf das Wesentliche beschränkt, damit Sie diese Informationen in weniger als einer Stunde lesen können.

Die Informationen sind nicht nur für übergewichtige Menschen bestimmt, **sondern auch für schlanke Menschen von großer Bedeutung.**

Im Dezember 2011 war es wieder einmal soweit; obwohl ich mich bewusst und gesund ernährte und mit meiner Partnerin regelmäßig Sport betrieb, brachte ich 115 kg auf die Waage.

Ich fühlte mich nicht mehr wohl in meiner Haut, an Joggen war nicht zu denken, da ich sofort Schmerzen im Knie und in der Hüfte bekam und auch die Ausdauer im Fitnessstudio war am Tiefpunkt angelangt.

Ich machte mich also wieder auf die Suche nach einem Gesundheits- oder Abnehm-Hotel, wie ich es schon so oft gemacht hatte, um mit einer Heilfastenkur oder einer sonstigen kalorienarmen Fastenkur mein Gewicht zu reduzieren.

Parallel dazu war ich auch immer hellhörig, wenn es bei Gesprächen unter Freunden um das Thema gesunde Ernährung ging.

Dabei ging es zum Beispiel auch darum, warum jemand trotz gesunder Ernährung mit vollwertigen Lebensmitteln und Bio-

Produkten mit rd. 50 Jahren einen Herzinfarkt bekommen und am Tiefpunkt seines Lebens anlangen konnte.

Ich hörte Empfehlungen, dass Kaffee ungesund sei und gemieden werden soll – das kommt für mich nicht in Frage, hat doch Kaffee mehr als 60 Antioxidantien *(Antioxidantien sind chemische Verbindungen, die eine unerwünschte Oxidation anderer Substanzen in den Zellen gezielt verhindern).*

Für mich kam auch ein Verzicht auf Milchprodukte nicht in Frage – mein Körper hatte sich die letzten 50 Jahre daran gewöhnt.

Obwohl ich viele Ratschläge nicht für gut befunden habe, habe ich dadurch eine neue Erkenntnis gewonnen, **die mein Leben schlagartig verändert hat.**

Danken möchte ich allen bekannten und unbekannten Autoren, die im Internet Informationen bereitstellen, die es mir möglich machten, mir ein völlig neues Bild von einer gesunden Ernährung zu machen.

Hier alle Informationsquellen anzugeben ist schlicht und einfach unmöglich, da sich diese Informationen im Laufe der Jahre mit meinen eigenen Erfahrungen ergänzt haben, lange bevor die Idee zu diesem Buch entstanden ist.

Ein ganz besonderer Dank gilt aber Hrn. Helmut Matzner, der mich mit den Informationen auf seiner DVD „Zurück zur Gesundheit" inspiriert hat, **nach Formulierungen zu suchen, die es den Menschen leichter machen,** die Auswirkungen Ihrer Ernährung nachvollziehen zu können.

Damit diese Ernährungsinformationen von möglichst vielen Menschen verstanden und umgesetzt werden können, wurden die Ideen von mehr als einem Dutzend Testleser/innen in die Texte eingearbeitet.

Es wurde unnötige Theorie bewusst vermieden, damit „**Essen ohne Nebenwirkungen**" eine **Wissenslücke** schließt und möglichst viele Menschen den größtmöglichen Nutzen ziehen können.

Dieses Nichtverstehen der bisherigen Ernährungsempfehlungen zieht sich durch alle Gesellschaftsschichten, unabhängig von Berufsstand oder persönlicher Bildung; täglich zu sehen bei Menschen aus Politik und Wirtschaft.

Wem seine Gesundheit am Herzen liegt, kann mit diesen Informationen die Auswirkungen seiner Ernährung besser nachvollziehen und sofort ändern.

Es wird Ihnen bewusst, was in Ihren Zellen passiert, wenn Sie täglich mehr Fleisch, sonstige tierische Eiweiße und hochprozentige Kohlehydrate essen **als Ihr Organismus verarbeiten kann.**

Im Kapitel 12 sehen Sie eine tägliche Übersicht, was ich gegessen habe und wie sich mein Gewicht Tag für Tag von 115 kg auf 90 kg reduziert oder auch ab und zu erhöht hat.

Diese Gewichtsreduktion erfolgte ohne den Besuch eines Kur- oder Fastenhotels und auch nicht im Urlaub, sondern während der normalen Berufstätigkeit.

Es gab keine Entbehrungen, es wurden keine Tabletten eingenommen und auch kein übermäßiger Sport betrieben. Diese Aufzeichnungen wurden ausschließlich zur Selbstkontrolle und für dieses Buch gemacht. Sie können das ebenfalls so machen, Sie müssen es aber nicht tun.

Ich freue mich bereits jetzt schon täglich darauf, wenn die noch fehlenden 5-7 Kilo Übergewicht aus meinem Körper verschwunden sind. Die weiteren Fortschritte werden im Internet unter **www.abnehmen-1a.at** veröffentlicht.

Wie eingangs erwähnt, können Sie alles essen, was Ihnen schmeckt und Ihnen von Ihrer Ärztin/Ihrem Arzt nicht definitiv verboten wurde.

Nach diesem Buch werden Ihnen aber einige Lebensmittel, die Sie bisher bevorzugt gegessen haben, nicht mehr schmecken. Dies deshalb, da Ihnen bewusst wird, dass Sie ansonsten **Selbstmord mit Messer und Gabel** begehen.

Und das Schöne an der Sache ist, dass sich Ihre Ausgaben für dieses Buch bereits beim ersten Einkauf bezahlt machen, da Sie nun bewusster und günstiger einkaufen werden.

Der Glaube, dass man lediglich wissenschaftlich aufbereitete Ernährungsanleitungen befolgen müsse, funktioniert nicht. Gesundheit, Wohlbefinden und Abnehmen lassen sich meines Erachtens **nicht mit dem Zählen von Kalorien managen.**

Der Mensch ist ein Organismus mit einem genetischen Gedächtnis, der über Jahrmillionen entstanden ist und der auch mit nur 750 Kalorien pro Tag auskommen kann, ohne abzunehmen.

Alles, was in der Ernährung mit Verboten belegt ist, geht am natürlichen Rhythmus des Menschen vorbei und wird nach einiger Zeit wieder eingestellt.

Die Folge ist, dass sich still und leise jede Menge Ablagerungen im Organismus bilden, die auch mich schließlich auf den Operationstisch gebracht haben **und dies trotz bewusster Bio Ernährung!**

Ich habe alle „Kalorienzähl-Tabellen" und Rezepte entsorgt, denn sie haben mir langfristig nicht zu einem gesunden Leben verholfen.

Mit den vorliegenden Ernährungsinformationen haben Sie stets die freie Wahl. Sie können essen, was Sie essen wollen.

Es ist Ihre Entscheidung, wie schnell Sie die Ablagerungen aus Ihrem Körper heraus bekommen wollen.

Sie erreichen aber mit 100%iger Sicherheit Ihr Ziel.

Essen ohne Nebenwirkungen stellt keinen Anspruch auf wissenschaftliche Vollkommenheit. Diese Informationen geben leicht verständliche und nachvollziehbare Erfahrungen wieder, die jeder Mensch sofort ausprobieren kann, der ohne Medikamente gesund & munter leben möchte.

Sie können ohne fremde Hilfe, ohne Tabletten und ohne Diäten schon in ein paar Wochen **ein völlig neues Lebensgefühl bekommen.**

In diesem Sinne wünsche ich Ihnen, dass es beim Lesen dieses Buches bei Ihnen ebenfalls KLICK macht und Sie motiviert sind, diesen Weg sofort auszuprobieren.

Kapitel 2

Warum ein Arzt/eine Ärztin Sie bei ernährungsbedingten Krankheiten nicht gesund machen kann

Die Schulmedizin ist für die Menschheit wichtig zur Notversorgung bei Unfällen und sie hat natürlich auch wertvolle Erkenntnisse für die Menschheit gewonnen.

Die Auswirkungen genetisch bedingter Krankheiten wurden durch die medizinische Forschung weitgehend gemildert. Im Februar 1970 wurde in Graz eine angeborene Verengung an meiner Herzschlagader operiert. Seither kann ich beschwerdefrei leben und bin noch heute den Ärzten und der medizinischen Forschung dankbar!

Eine Ärztin/ein Arzt ist aber kein(e) Ernährungsberater/in. Sie/er wird Ihnen zwar einige Tipps geben, wie „Essen Sie weniger Zucker" oder „Trinken Sie weniger Alkohol". Es ist nicht sein/ihr Beruf, Sie so zu beraten, dass Sie nie wieder zu ihm/ihr kommen müssen.

Für die Ursachenanalyse und zielgerichtete Aufklärung und Schulung der Patienten bleibt in unserem Gesundheitssystem leider kaum Zeit.

Eine optimale Ernährungsberatung durch die Ärzte könnte nur dann stattfinden, wenn sie für die Anzahl an gesunden Menschen in ihrem Betreuungsgebiet bezahlt werden würden; da müsste aber vorher das gesamte Gesundheitswesen reformiert werden.

Wenn das bereits so wäre, hätte mir der Arzt im Spital auch gesagt:"Sie haben in der Schulter jede Menge Ablagerungen, die davon kommen, dass sie zu viel tierisches Eiweiß essen". Diese können Sie ganz einfach weg bekommen, wenn sie davon weniger essen!

Stattdessen hat er gesagt, das ist ein kleiner Routine-Eingriff; ja, er hat wahrscheinlich an seinen Arbeitgeber, den Spitalsbetreiber gedacht, der durch diese Operation Geld bekommt. Die schmerzlichen Dauerfolgen dieser Operation werden später beschrieben.

Eine Ärztin/ein Arzt wird immer nur Ihr aktuelles Symptom behandeln und Ihnen Linderung verschaffen, sie/er wird Sie aber nicht allumfassend „gesund machen" können, wenn die Ursache Ihres Leidens in einer falschen Ernährung liegt. Dazu müsste sie/er Ihr tägliches Essen kontrollieren; das ist nun mal völlig ausgeschlossen.

Wenn Ihnen bewusst geworden ist, dass auch Tabletten Sie nicht gesund machen können, sondern nur Ihr akutes Problem lindern (die Ursache bleibt meistens bestehen), haben Sie bereits den ersten wichtigen Schritt zu Ihrer Gesundheit, Ihrer Fitness und Ihrem Idealgewicht getan.

Die Evolution hat das Wunderwerk Mensch geschaffen und dafür gesorgt, dass es ein paar Hunderttausend Jahre überlebt hat.

Der gesamte Organismus ist auf Wachstum und Gesundheit programmiert. Nur dort, wo es wegen Nahrungsmangel oder wegen fehlender Nährstoffe zu einer Unterversorgung des Organismus gekommen ist, wurden die Menschen krank.

Das ist auch noch heute so!

Wenn Sie Ihrem Organismus mit der Nahrung Nährstoffe in der Dosis geben, die für eine optimale Funktion der Zellen erforderlich sind, ist Ihr Immunsystem fit und kann beinahe jede Krankheit abwehren.

Das kostet keinen Euro zusätzlich, dafür ist kein Kalorienrechnen erforderlich und auch keine Diät notwendig! Es kommt nur auf die richtige prozentuelle Zusammensetzung der Nährstoffe an.

Intelligent genießen wird in diesem Buch so einfach beschrieben, dass Sie sofort beginnen und es jederzeit in die Tat umsetzen können.

Warum die Diätempfehlungen der Krankenversicherungen und der Gesundheitsbehörden hinsichtlich einer gesunden Ernährung zum überwiegenden Teil wirkungslos bleiben, lesen Sie in Kapitel 4.

Warum auch Medikamente Sie nicht gesund machen können.

Machen wir einen Blick auf die Pharmakonzerne; sie entwickeln immer bessere Mittel zur Bekämpfung der Symptome. Ja, wunderbar, durch sie werden alle unsere Krankheiten zum großen Teil gut bekämpft.

Hier lohnt es sich, kurz nachzudenken, ob die Hersteller der Medikamente dafür sorgen können, dass Sie nie mehr krank werden. Wohl kaum, da sie keinen Einfluss auf Ihre Lebensgewohnheiten haben. Mit den Medikamenten wird meist Ihre offensichtliche Krankheit bekämpft und zum Verschwinden gebracht.

Sie sollten sich daher stets auch die Frage stellen, was war die Ursache der Krankheit oder hat das Medikament auch die Ursache behoben?

Sie dürfen das ruhig anzweifeln. Was passiert, wenn die Pharmaindustrie z.B. wieder bessere Zäpfchen auf den Markt bringt, die die Hämorrhoiden schneller verschwinden lassen?

Hämorrhoiden sind Ablagerungen, die durch übermäßigen Konsum von Lebensmitteln mit hohem Kohlenstoffstoffgehalt verursacht werden; das sind hochprozentige Kohlehydrate wie z.B. Brot mit Butter, Mehlspeisen, Nudeln, Marmeladen, Zucker, etc.

Die Hämorrhoiden haben sich zwar an diesen unangenehmen Stellen aufgelöst, aber wohin sind die Ablagerungen verschwunden, die der Körper nicht mehr verarbeiten konnte?

Ich bin kein Mediziner, fragen Sie daher Ihre(n) Arzt/Ärztin, wohin diese Ablagerungen verschwinden und überprüfen Sie diese Aussage durch eigene Recherchen.

Gegen die neuen Beschwerden wird aber mit Gewissheit wieder ein Gegenmittel gefunden.

In Österreich gibt es pro Jahr rd. 40.000 Operationen an Krampfadern; ich will gar nicht hochrechnen, wie viele es dann in Deutschland gibt.

In den Krampfadern sind überwiegend Nährstoffablagerungen, die der Organismus nicht verarbeiten und nicht ausscheiden konnte.

Der Grundstein dafür wurde bereits in der Jugend oder viele Jahre vor dem Auftreten dieser sichtbaren Beschwerden gelegt.

Ein Grund dafür, dass sich die Ablagerungen in den Venen und nicht anderswo ablagern, kann natürlich auch eine genetische Veranlagung (Bindegewebsschwäche) und zu wenig Bewegung sein.

Die Ablagerungen selbst haben aber in der Regel nichts mit Vererbung zu tun, diese haben Sie mit Ihrer Ernährung selbst verursacht.

Das Veröden oder das Herausziehen der Krampfadern behebt im Moment zwar die schmerzenden Symptome, ändert aber nichts an der Ursache, die weiterhin bestehen bleibt.

Oder was hilft es, wenn Sie ständig Blutdrucksenker einnehmen? Wenn Sie nicht eine organische Abnormität haben, entsteht hoher Blutdruck in der Regel dadurch, dass die Adern mit Kohlenstoffablagerungen überladen sind und das Blut nicht mehr ungehindert fließen kann.

Das Blut wird verdünnt, damit es leichter fließt, die Ablagerungen in den Adern, die zum Großteil die Ursache für hohen Blutdruck sind, werden damit nicht abgebaut.

Blutverdünnungsmittel sind weltweit die am meisten verschriebenen Medikamente. Da wird immer nur kurzfristig etwas erreicht, z.B. dass ihr Gehirn mit **5% mehr Sauerstoff** versorgt wird und ein Schwindelgefühl verschwindet.

Mit einem schnellen Gang in der freien Natur oder mit einem leichten, lockeren Laufen könnten Sie 100% mehr Sauerstoff tanken.

Aus eigener Erfahrung weiß ich, dass Sie das aber nicht mehr schaffen, wenn Ihre Zellen bereits mit Stickstoff- und Kohlenstoffablagerungen verklebt sind; wie in Kapitel 5 beschrieben.

Hier auch ein eigenes Beispiel, bei dem meine Arztbesuche nicht notwendig gewesen wären: 3 Jahre lang hatte ich an den Waden immer eine trockene Haut und Juckreiz.

Mehrere Arzt- und Facharztbesuche, bei denen mir verschiedene Salben verschrieben wurden, brachten keine Besserung.

2 Monate nachdem ich meine Ernährung umgestellt hatte, waren diese unangenehmen Erscheinungen wie weggeblasen und sind seither nicht wieder gekommen.

Wenn Sie das Buch zu Ende lesen, werden Sie auch zur Überzeugung kommen, dass es sich dabei um keinen Zufall handeln kann. **Es war ein HILFE-Ruf meiner Hautzellen**, die nicht mehr richtig funktionieren konnten.

Dieses ständige Bekämpfen der Symptome lässt die Krankheitskosten ins Unermessliche steigen, parallel dazu werden die Versicherungsbeiträge ständig angehoben und der volkswirtschaftliche Schaden ist beträchtlich.

Essen ohne Nebenwirkungen beschreibt einen unglaublich einfachen Ausweg aus diesem Dilemma, den ich selbst erfolgreich gegangen bin.

Diesen Weg kann jeder Mensch gehen, der nicht eines Tages die täglich vorsortierten Tablettenrationen einnehmen will.

Viele Menschen haben zwar schon eine große Abneigung gegen die Pharma-Medizin und sind auf Alternativmedizin umgestiegen, aber stellen Sie sich doch einmal die Frage:

Was soll Alternativmedizin bewirken, wenn Ihre Zellen mit Ablagerungen zugepflastert sind, sich gerade im Überlebenskampf befinden und kurz vor dem Absterben zur Krebszelle mutieren?

Das ist nur Symptom-Bekämpfung, die nicht wirklich zum Erfolg führen kann.

Die Zeitschrift PULSAR schreibt in ihrer Ausgabe 05-2012, dass in Deutschland jährlich 436.000 Menschen an Krebs erkranken und die Hälfte daran stirbt. Experten schätzen, dass sich diese Zahl bis 2030 verdoppelt.

Ja, so werden die Pensionen auch wieder „sicherer", wenn es nur genug Menschen gibt, die ihre Beiträge einzahlen und sich dann frühzeitig verabschieden müssen.

Obwohl die Krebsforschung seit Jahrzehnten mit Millionenbeträgen ausgestattet wird, gibt es bisher kein Mittel, das Krebs verhindert.

Wird da vielleicht an der falschen Ursache geforscht?

Beinahe jedem Menschen ist das Prinzip von **Ursache und Wirkung** bekannt.

Wenn wir uns aber vor Augen führen, dass mehr als 50% der Menschen regelmäßig krank oder übergewichtig sind, so muss man annehmen, dass der überwiegende Teil über die wirklichen Ursachen nicht ausreichend Bescheid weiß oder die Auswirkung und die Zusammenhänge der Ernährung auf die Gesundheit nicht nachvollziehen kann.

Wie wäre es sonst möglich, dass es alleine in Deutschland mehr als 1 Million Menschen gibt, die über 120 kg wiegen; eine Menschenschlange, die von Wien nach Frankfurt reicht, wenn jeder nur 70 cm Platz benötigt.

Von den weiteren 20 Millionen Menschen, die ebenfalls stark übergewichtig sind, ist da noch gar nicht die Rede.

Die folgenden Informationen helfen Ihnen dabei, sich bis ins hohe Alter gesund & munter zu halten. Wenn Sie übergewichtig sind, werden Sie Ihre überflüssigen Kilos ganz nebenbei los.

Sie haben die Wahl! Wollen Sie sich weiterhin der Bekämpfung der Symptome zuwenden oder konzentrieren Sie sich auf die Ursachenbehebung?

Wenn ich an den Bericht der Tiroler Tageszeitung vom Juni 2012 denke, in dem berichtet wird, dass vier von fünf Präparaten nicht mehr aus der EU oder Amerika kommen, sondern aus Kostengründen in Indien und Fernost produziert werden, vergeht mir die Lust auf jede Tablette.

Kein Arzt/keine Ärztin, kein/e Ernährungsberater/in, keine Medikamente, kein(e) Freunde/innen und auch nicht Ihr/e Lebenspartner/in werden Ihnen die Verantwortung für sich selbst abnehmen können.

Sie können das ganz leicht selbst übernehmen, wenn Sie sich die Zusammensetzung Ihrer Körperzellen in Kapitel 5 genauer anschauen.

Dieses Buch soll nicht als Behauptung verstanden werden, dass die Ernährung die einzige Ursache für Übergewicht darstellt. Natürlich kann Übergewicht auch psychologische Ursachen haben, so wie im Buch „**WARUM BIN ICH DICK?**" von Birgit Buchinger und Beate Hofbauer beschrieben.

Aus eigener Erfahrung in meiner Kindheit, in der ich kurz **der BLADE** genannt wurde (ein österreichischer Ausdruck für einen dicken Buben), weiß ich auch, dass diese psychologischen Probleme oft erst wegen des Dickseins entstehen.

Kapitel 3:

Der Tod liegt in Ihrer Einkaufstasche!

Die Funktion jeder einzelnen Zelle ist von entscheidender Bedeutung für das körperliche Wohlbefinden, für Gesundheit und Fitness bis ins hohe Alter.

Der Mensch hat rd. 60 Billionen Zellen, die alle miteinander verbunden sind. In jeder Zelle befinden sich rd. 200 mikroskopisch kleine Kraftwerke, die Energie erzeugen.

Wie diese Kraftwerke arbeiten, müssen Sie nicht wissen, das würde nur vom Hauptproblem ablenken.

Erhalten diese kleinen Kraftwerke den falschen Treibstoff, gibt es 2 Möglichkeiten, wie sie damit umgehen

a.) Entweder sie transportieren ihn ab und scheiden ihn aus oder wenn dies nicht möglich ist

b.) lagern sie ihn im Körper ab.

Das einwandfreie Funktionieren der Zellen folgt dabei bestimmten Naturgesetzen.

Beachten Sie diese Naturgesetze nicht, nehmen Sie die Folgen für sich selbst ganz bewusst in Kauf.

Was passiert, wenn Sie einem 2-Takt-Motor, der ein Benzin-Öl-Gemisch in einer festgesetzten Zusammensetzung benötigt, eine andere Zusammensetzung verabreichen?

Wenn Sie den Öl-Anteil willkürlich erhöhen, läuft der Motor nicht mehr rund. Die Leistung geht rapide zurück, der Motor verrußt so lange, bis er den Geist aufgibt.

Genauso verhält es sich bei den menschlichen Zellen. Erhalten sie über die Nahrung ein Übermaß an nicht benötigten Stoffen, fällt die Leistung des Kraftwerks ZELLE rapide ab.

Können diese Stoffe nicht ausgeschieden werden, setzen sie sich in jeder Zelle im Körper ab und beeinträchtigen die Funktion.

Jeder Mensch hat ein anderes Speichermanagement in seinen Genen einprogrammiert; d. h. jeder Organismus geht mit einem Zuviel an bestimmten Nährstoffen anders um.

Bei einigen Menschen sind es unter anderem die sichtbaren Zeichen am Bauch, Hüfte, Beine oder Po, wo sich die bekannten Speicher ansammeln.

Bei schlanken Menschen dagegen setzt sich ein Übermaß von nicht benötigten Stoffen in den Gelenken und an den inneren Organen wie Herz, Leber, Venen, Arterien oder Blutgefäßen ab.

Wenn also Ihr Einkaufswagen im Supermarkt mit Lebensmitteln gefüllt ist, die zum überwiegenden Teil aus Kohlenstoff- und Stickstoffatomen bestehen **(siehe Seite 90),** wird das Dilemma für die Menschen in unserer Zeit bereits deutlich.

Ihre Zellen können nur 3% Stickstoffatome (für tierische Eiweiße) und 16% Kohlenstoffatome (für Kohlehydrate und Fette) problemlos verarbeiten.

Ein Übermaß an nicht benötigter Zellnahrung ist der Grund für viele Krankheiten, die man sich oft nicht erklären kann, wenn jemand gesund und bewusst lebt.

Das passiert bei jedem Menschen, wie z.B. bei einem Spitzensportler ohne sichtbare Fettspeicher, der kurz vor seinem Weltmeisterschafts-Boxkampf eine Nierenkolik bekam (Dez 2011).

Nierensteine sind bekanntlich Stickstoffablagerungen, die durch den übermäßigen Konsum von zu viel tierischem Eiweiß entstanden sind. Die Zellen können nur 3% Stickstoff benötigen und problemlos verarbeiten; **alles andere kommt auf die Mülldeponie im Körper**, die dann der Operator herausholen muss, wenn es zum Kollaps kommt.

Das Schlimme daran ist, Sie merken über Jahre hinweg nicht, dass sich da etwas Übles zusammen braut.

Wie das Bayerische Fernsehen im Mai 2012 berichtete, konsumiert **jeder Deutsche pro Jahr rund 60 Kilo Fleisch** und Fleischprodukte; hat man da noch Worte?

Laut der Recherche des Bayerischen Fernsehens können diese Fleischmengen in Deutschland nur produziert werden, wenn zur Tiermast massenweise Soja aus Paraguay eingeführt wird. Damit diese Mengen in Paraguay produziert werden können, wurden riesige Plantagen angelegt und rund 100.000 Kleinbauern vertrieben.

Mit welchen Wachstumsbeschleunigern hier gearbeitet wird, die mit der Bratwurst, dem Grillhendl oder dem Sonntagsbraten über die Nahrungskette in unseren Organismus kommen, will ich nun gar nicht mehr wissen.

Durch den übermäßigen Konsum von tierischen Eiweißen wird im Körper ein Stickstoffüberschuss produziert, der jeden Zellstoffwechsel zum Erliegen bringt; dies wird in Kapitel 5 beschrieben.

Es gibt so viele Anleitungen für ein gesundes Leben. Es ist aber schockierend, dass dieses Wissen bisher nicht so vermittelt werden konnte, dass bei so vielen Menschen (mich eingeschlossen) über Jahrzehnte hinweg nicht die Alarmglocken läuten.

Da wird von Verkalkungen als natürliche Folge des Älterwerdens gesprochen. **Diese Behauptung ist grober Unfug.**

In Wirklichkeit können sich Ablagerungen nur ansammeln, wenn durch das Essen Stoffe in den Körper kommen, die die Zellen nicht verarbeiten konnten.

Jeder Mensch hat es selbst in der Hand, auch noch mit 85 Jahren geistig fit und gelenkig zu sein – **das wäre normal.**

Es betrifft jeden Menschen, nicht nur die Übergewichtigen. Jeder hat es selbst in der Hand, was er sich in seinen Einkaufswagen legt.

Dieser einfache Weg wird in Kapitel 5 detaillierter beschrieben. Auf Seite 84 sehen Sie, dass Sie sich alles in den Einkaufswagen legen können, was Sie gerne essen möchten; entscheidend ist die prozentuelle Dosis beim Essen.

Kapitel 4

Warum Diäten zum Abnehmen sinnlos sind und nicht funktionieren können

An was denken Sie wenn Sie das **Wort DIÄT** hören? Natürlich ans Essen! Eine Diät bedeutet immer, Frau/Mann verzichtet ganz bewusst auf bestimmte, liebgewonnene Lebensmittel. Dieser Verzicht hinterlässt im Unterbewusstsein einen Mangel, der mehr oder weniger schmerzliche Spuren hinterlässt.

Sieht man ein schönes Stück Torte, das man immer gerne gegessen hat und nun **nicht mehr essen darf**, ist dieser Verzichtsschmerz sofort im Bewusstsein präsent. *Ich kann nun immer ein Stück Torte oder einen Eisbecher genießen, wenn ich darauf Lust habe.*

Dieser Verzicht kostet Kraft, die bei den meisten Menschen nach einiger Zeit nicht mehr vorhanden ist, weil man diese Entbehrungen nicht mehr ertragen will.

Bemüht man sich anfangs noch, sich an die Diät zu halten, so verstärkt sich mit der Zeit der Unmut, sich durch eine Diät die Lebensweise bestimmen zu lassen.

Man ist sehr bald wieder am Anfang und denkt erst über die nächste Diät nach, wenn man wieder einmal über das ursprüngliche Gewicht hinaus geschossen ist.

So dreht sich der Kreis jahrzehntelang, so wie ich es selbst erlebt habe.

Auch eine Ernährungsumstellung, bei der man die Zutaten genau abwiegt und die Kalorien ausrechnet, ist von Anfang an zum Scheitern verurteilt.

Begegnet Ihnen ein(e) Ernährungsberater/in, der/die denkt, dass sich der menschliche Organismus mit Kalorientabellen oder Essenszeiten berechnen lässt, können Sie davon ausgehen, dass sie/er eine Ernährungsempfehlung vertritt, die seit Jahrzehnten bei mehr als der Hälfte der Menschen nicht funktioniert.

Bei verminderter Kalorienzufuhr wird der Grundumsatz gesenkt, der Abnehmerfolg lässt dadurch zu wünschen übrig und man hat es schon bald „satt", dies zu tun.

Fragen Sie sich doch einmal selbst, ob Ihnen eine Nahrungsumstellung auf „**Light-Produkte**" jemals einen Abnehmerfolg gebracht hat? Mit ziemlicher Sicherheit müssen Sie das verneinen. In Light-Produkten ist oft sogar mehr Zucker enthalten, als in den Standardprodukten.

Haben Sie schon einmal versucht, aus einer Magermilch einen cremigen Joghurt zu machen? Machen Sie doch einmal diesen Versuch – es wird Ihnen wahrscheinlich nicht gelingen!

Da wird Magermilch durch Erhitzen das Wasser entzogen und das dadurch entstandene Magermilchpulver in hochkonzentrierter Form der Magermilch wieder zugefügt. Ich will gar nicht wissen, welche nicht kennzeichnungspflichtigen Zusätze da noch beigemischt werden, damit ein Magerjoghurt cremig wird; ich esse es einfach nicht mehr.

Oder zum Thema „Zucker durch Süßstoff ersetzen". Süßstoffe werden auch in der Tiermast zwecks Appetitstimulation eingesetzt. **Haben Sie noch Fragen?**

Obwohl es so viele Übergewichtige gibt, die meist auch unter ihrem Gewicht leiden, gehen die meisten Ernährungsempfehlungen ins Leere.

Diese Empfehlungen sind in der Regel auf Verzicht ausgelegt. Die Natur und das Leben selbst ist aber auf Fülle ausgerichtet und nicht auf Verzicht; niemand will beim Essen ständig auf etwas verzichten!

Diese Verzichtsempfehlungen sind eine **riesengroße Psychofalle**, der ich auch jahrelang aufgesessen bin. Die in Kapitel 1 angeführten Verzichtsempfehlungen können nicht der Weisheit letzter Schluss sein!

Ich habe mich nicht damit abgefunden und einen praktikablen und gangbaren Weg gefunden, den jeder Mensch nachvollziehen kann. Meiner Meinung nach können die derzeitigen Ernährungsempfehlungen der Gesundheitsbehörden nicht von Erfolg gekrönt werden, solange auf diese Weise vorgegangen wird.

Daran werden auch Aktionen wie „**Deutschland/Österreich bewegt sich**" nichts ändern. Es bietet zwar vielen Menschen die Gelegenheit, an einem interessanten Event teilzunehmen, das sind dann aber nur Menschen, die ohnehin noch fit sind.

Die Mehrheit der Übergewichtigen, für die dieser Event gedacht ist, wird aber schon aus körperlichen Gründen nicht teilnehmen können.

Es fühlen sich zwar viele angesprochen, wenn sie Empfehlungen hören wie „**Gehen Sie an die frische Luft**", „**Bewegen Sie sich mehr**". Die Leute sind aber meist auf Grund der falschen Ernährung zu müde und schlapp, um mehr Bewegung in die Tat umzusetzen. Warum diese Müdigkeit vorhanden ist, wird im nächsten Kapitel behandelt.

Überwindet sich doch jemand und startet ein Bewegungsprogramm, ist schon nach kurzer Zeit wieder Schluss damit, meist wegen Gelenk- oder Muskelbeschwerden. Eine Zelle, die wegen jeder Menge Ablagerungen nicht genug Sauerstoff bekommt, kann keine Leistung abrufen und ist relativ rasch erschöpft.

Wie zu Beginn erwähnt, ist das Wissen über eine gesunde Ernährung allgemein vorhanden. Mit den derzeitigen Ernährungsempfehlungen werden aber mehr als die Hälfte der Menschen nicht erreicht.

Die folgenden Informationen zeigen Ihnen, dass es in **Wirklichkeit ganz einfach ist,** sich richtig zu ernähren. Sie können ohne fremde Hilfe dafür sorgen, dass Sie bis ins hohe Alter fit und gesund bleiben.

Sorgen Sie dafür, dass die Atome in Ihrem Körper/in Ihren Zellen in der Balance sind, dann regelt Ihr Organismus alles selbst und Krankheiten haben keine Chance mehr. Ihr Immunsystem wird mit fast jedem Eindringling fertig; mehr müssen Sie da gar nicht tun!

Diese Balance erreichen Sie, indem Sie weniger stark kohlehydrathaltige Lebensmittel in Ihren Einkaufswagen legen und beim Essen darauf achten, dass die prozentuelle Aufteilung in etwa wie in Kapitel 5 beschrieben, erfolgt.

Wenn die Informationen im nächsten Kapitel bei Ihnen richtig ankommen, werden die angeblichen Wunder-Diäten, Pillen oder Schlank-Drinks für Sie keine Bedeutung mehr haben. Diese Angebote wurden ausschließlich von Menschen erfunden, die nicht das geringste Interesse daran haben, dass Sie dauerhaft fit, schlank und gesund werden.

In diesem Buch geht es um die prozentuelle Zusammensetzung der Atome, die Sie Ihrem Organismus mit der Nahrung verabreichen. Wenn Sie alle Infos gelesen haben, werden Sie zur Überzeugung kommen, dass dies wirklich einfach und kinderleicht geht.

Sie brauchen dazu auch kein Mathematikgenie werden.

Es reicht, wenn Sie mit der „**Daumen x Pi-Methode**" beginnen. Durch Übung wird Ihre Einschätzung im Laufe der Zeit immer präziser. Machen Sie sich nicht den Druck, etwas perfekt machen zu müssen.

Ich habe mit dieser Methode begonnen, weil ich mir nicht den Zwang auferlegen wollte, das Essen abzuwiegen oder Kalorien zu zählen. Dies ist bei allen Diäten und Ernährungsempfehlungen **ein weiterer Schritt zum Scheitern.**

Die ersten Erfolge werden Sie motivieren, das Essen noch bewusster zu genießen. Ihre Intuition wird Schritt für Schritt immer besser und Sie sehen das Ganze als Spiel, das Sie gewinnen werden.

Nicht mit dem Gedanken „Vielleicht schaffe ich es", sondern mit der festen Überzeugung, dass es nur eine Frage der Zeit ist.

Daran gibt es für Sie nicht den geringsten Zweifel, wenn es Ihnen wichtig ist, Ihre überflüssigen Kohlenstoff- und Stickstoffablagerungen abzubauen, **die Ihre Zellen daran hindern, richtig zu funktionieren**.

Sie werden das Bild Ihrer Freude vor Augen haben, wenn Sie 20, 40, 60 oder 80 Viertelkilo-Päckchen Butter abgebaut haben; alles krankmachende Ablagerungen in Ihrem Körper, die Ihren Zellstoffwechsel blockieren.

Das Abnehmen ist nur noch ein angenehmer Nebeneffekt. Glauben Sie mir nicht - **probieren Sie es aus!**

Last but not least – was ist eine Diät? Abgesehen von dem eingangs beschriebenen Psychostress ist eine Diät immer ein Rechenbeispiel.

Intelligente Menschen haben sich da ein Rechenbeispiel ausgedacht und in den letzten Jahrzehnten klar bewiesen, dass das nicht funktioniert.

Der menschliche Organismus lässt sich nicht mit Kalorien berechnen.

Bei meinem 14-tägigen Biourlaub 2009 ließ ich mich freiwillig auf 1.000 Kalorien/Tag setzen. Ich machte täglich 2-3 Stunden Bewegung (Radfahren, wandern, schwimmen) und hatte nach 2 Wochen nur minimal abgenommen.

Warum war das so? Wenn Sie Kalorien einsparen, erwacht Ihr genetisches Gedächtnis, der Organismus passt sich an und kommt schon nach drei Tagen mit der geringeren Kalorienanzahl aus. Außerdem wiegt die neu aufgebaute Muskelmasse mehr als das abgebaute Fett.

Die ganze Plagerei ist sinnlos. Sie können auch mit 1.500 bis 2.000 Kalorien abnehmen, wenn Sie Ihren Zellen Nahrung in der richtigen prozentuellen Zusammensetzung geben.

In diesem Buch geht es nicht um Verzicht, sondern ausschließlich darum, **ob Sie Ihren Zellen Nahrung zumuten, mit der sie nichts anfangen können.**

Wenn Sie das weiterhin machen, wird Ihnen in den nächsten Kapiteln bewusst werden, dass Sie damit Ihren Zellstoffwechsel buchstäblich „**zumüllen**".

Ihre Zellen beginnen langsam zu ersticken und sie lagern den „Müll", ganz egal, ob es sich dabei um Standardnahrung oder Bio-Nahrung handelt, an allen möglichen Stellen im Körper ab.

Im Überlebenskampf holt sich der Organismus die fehlenden Nährstoffe, wenn möglich aus anderen Zellen, wie z.B. aus den Knochenzellen, die dann porös und brüchig werden.

Das müsste alles nicht sein! Das ganze Ernährungsdilemma z.B. mit FDH (Friss die Hälfte), ist **eine einzige große Denkfalle**. Es geht nicht ums Verzichten, sondern ausschließlich darum, welche Nahrung Ihre Zellen optimal verarbeiten können.

Wenn Sie es zulassen, dass die Werbung Ihre Essgewohnheiten bestimmt, wird es für Sie meist schmerzvolle Folgen haben.

Ab heute müssen Sie nie mehr an eine Diät denken – 3.4.16% ist der Schlüssel, der im nächsten Kapitel beschrieben wird und mit dem Ihre Zellen glücklich sind.

Da wird Ihnen bewusst werden, dass Menschen mit sichtbaren Fettpolstern eigentlich am Verhungern sind; genauer gesagt, ihre Körperzellen sind am Ersticken.

Kapitel 5

Welche Stoffe benötigt die menschliche Zelle?

Der Schöpfer oder die Evolution – je nachdem woran Sie glauben – hat den Menschen so zusammen gebaut, wie er nun mal funktioniert. **Das ist ein unveränderbares Naturgesetz.**

Wenn Ihnen egal ist, wie Ihre Zellen funktionieren (und Sie nicht zufällig zu jener geringen Prozentzahl an Menschen gehören, die sich intuitiv richtig ernähren), werden Sie die Folgen am eigenen Leib verspüren. Die Statistiken über ernährungsbedingte Krankheiten sollten als Beweis für Sie ausreichend sein.

Die Wissenschaft hat festgestellt, dass alles, was auf unserer Erde existiert, aus Atomen besteht. Dies gilt für Wasser, Steine, Bäume und Erde ebenso wie für Tiere und Menschen.

Diese Atome haben einen Atomkern und eine Atomhülle, die meist Neutronen heißen. Diese Neutronen kreisen in Lichtgeschwindigkeit um den Atomkern und erzeugen eine elektromagnetische Schwingung.

In Ihrem Körper und in den Zellen ist immer alles in Bewegung, unabhängig davon, um welches Atom es sich handelt und ob Sie das spüren oder nicht.

Zum Teil werden die Atome bewusst aktiviert – z.B. wenn Sie gehen, laufen, Gewichte stemmen oder einen schweren Gegenstand aufheben. Sie müssen ganz bewusst mit Ihren Gedanken die Atome in den Muskelzellen aktivieren.

Die Atome werden aber auch aus dem Unterbewusstsein gesteuert, wenn Sie z.B. denken, dass Sie krank werden, sich zu dick fühlen oder überlegen, dass Sie etwas nicht essen dürfen.

Diese Schwingungen laufen in rasender Geschwindigkeit ab - ca. 300.000 Mal pro Sekunde. Jedes Atom in Ihrem Körper wird bewusst oder unbewusst diese Schwingung aufnehmen.

Alle Zellen im menschlichen Körper kommunizieren permanent miteinander; keine existiert für sich alleine. Wenn Sie sich am Finger verletzen, weiß das jede andere Zelle von Kopf bis Fuß ebenso.

Die Atome in den Zellen leiten jede Schwingung weiter und erzeugen die unterschiedlichsten Gefühle.

Es muss sich daher nicht um Scharlatanerie handeln, wenn von Jemandem gesagt wird, dass sie oder er durch Handauflegen heilen kann.

Es ist klar, dass niemand einen anderen Menschen heilen kann. Er oder sie kann aber mit starken Schwingungen dazu beitragen, dass die Atome wieder besser in Bewegung kommen und Blockaden in den Lymphgefäßen wieder in Fluss kommen. Dadurch werden die Selbstheilungskräfte des Menschen aktiver.

Wie im Kapitel 1 angeführt, funktionieren die Zellen bei allen Menschen nach bestimmten Naturgesetzen. Im Besonderen geht es nur darum, in welchem **Verhältnis** die Nährstoffe vorhanden sind.

Jede Ernährungsempfehlung geht ins Leere, wenn die Zelle mit der Nahrung Nährstoffe bekommt, die sie für eine optimale Funktion gar nicht benötigt.

Die folgenden Informationen über die Atome im menschlichen Körper basieren auf Recherchen in ernährungswissenschaftlichen Informationsquellen auf DVD, Büchern und im Internet. Diese Prozentwerte können eventuell leicht abweichen, es spielt aber für unser Beispiel keine Rolle.

Diese Grafiken sollen Ihnen nur eine Vorstellung davon geben, was geschieht, wenn Sie einen Zellbaustein in Ihrem Körper **weit über das benötigte Maß hinaus erhöhen**.

Ihre Zellen bestehen aus **4%** Mineralien, **3%** Stickstoff, **16**% Kohlenstoff und **76**% Wasserstoff sowie **1%** Sauerstoff-Atomen.

100% des menschlichen Körpers bestehen aus 5 Atomen, die bei den Menschen dafür verantwortlich sind, dass sie ohne Medikamente bis ins hohe Alter gesund bleiben oder an allen denkbaren Krankheiten leiden.

Was passiert nun, wenn Sie Ihrem Körper - über Jahre hinaus -, mit der Nahrung einen permanenten **Kohlenstoff- und Stickstoff-Überschuss** verabreichen?

Sie bringen den lebensnotwendigen Zellstoffwechsel zum Erliegen und **essen sich buchstäblich krank!**

Das kann auch bei jeder Diät oder sogenannten, *„gesunden"* Ernährung passieren. Führen Sie mit Ihrem Essen den Zellen zu viel an Kohlenstoff- und Stickstoff-Atomen zu, lagern sich die nicht verwertbaren Stoffe in Ihren Zellen ab. Dadurch wird aber auch ein ebenso großer Teil an Sauerstoff- und Wasserstoff-Atomen aus der Zelle verdrängt.

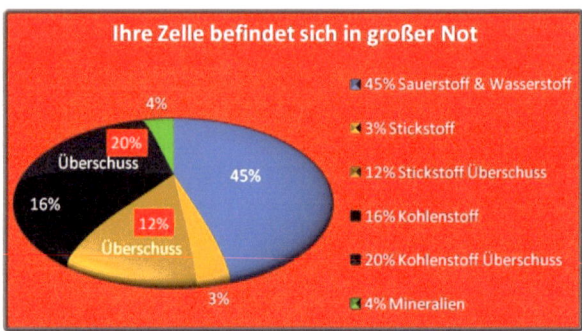

Der Zellstoffwechsel kommt ins Stocken und **der Überschuss setzt sich in allen Zellen im Körper ab**; an den Gelenken, den Sehnen, in den Arterien, an den Nervenzellen, den Herzzellen, den Nierenzellen, in den Gehirnzellen, den Augenzellen, usw.

Die Stickstoffablagerungen bilden sich hauptsächlich aus **einem Zuviel an tierischen Eiweißen,** die der Organismus nicht verarbeiten und nicht ausscheiden kann.

Die Kohlenstoffablagerungen, **ein Zuviel an Kohlehydraten in Ihrer Nahrung**, werden als Fettzellen abgelagert. Sie machen sich zum Teil als sichtbare „Polster" bemerkbar oder werden unsichtbar in den Blutgefäßen und inneren Organen gespeichert.

Diese Ablagerungen sind die Ursachen für viele unnötige Operationen. **Auf Grund der verdrängten Wasserstoff- und Sauerstoffatome wird Ihr Körper müde und schlaff.**

Dies ist auch der Grund dafür, warum ältere Menschen nie die Empfehlung umsetzen können, täglich 2 Liter Wasser zu trinken.

Ja, wo sollen die 2 Liter Wasser im Organismus Platz finden, wenn durch den Kohlenstoff- und Stickstoffüberschuss die Zellen verklebt und die **Wasserstoff-Atome zum großen Teil bereits verdrängt wurden?** Der Körper trocknet buchstäblich aus!

Wird die Kohlenstoff- und Stickstoffüberlastung nicht gestoppt und bekommt die Zelle nicht mehr genug Sauerstoff, schaltet sie im Überlebenskampf vom **aeroben** Zustand auf **anaeroben** Zustand um.

Aerober Zustand: die Zelle bekommt genügend Sauerstoff.
Anaerober Zustand: die Zelle, die nicht mehr genug Sauerstoff bekommt, beginnt zu gären. Dieser Gärungsprozess muss aber nicht immer offensichtlich werden, er kann auch ablaufen, ohne dass Sie etwas davon spüren.

In akuten Fällen koppeln sich die Zellen vom übrigen Zellverbund ab und ernähren sich nun von Stickstoff.

Es entsteht ein abnormales, nicht mehr kontrollierbares Zellwachstum. Diese krankheitsverursachenden Zellen führen zu Operationen und/oder Chemotherapien, die Sie meistens persönlich, mit Ihrem Einkauf und der Zusammensetzung Ihrer Nahrung verursacht haben.

Und das Tragische an der Sache ist, dass Sie für Ihre Krankheit Ihr Geld an der Supermarktkassa selbst abgeliefert haben.

Und warum ereilt diese Katastrophe so viele Menschen, obwohl die meisten bestrebt sind, sich gesund zu erhalten?

Durch die unglaubliche Vielfalt der Angebote haben die meisten Menschen, unabhängig von ihrer Ausbildung, den Überblick über die Bedürfnisse Ihres eigenen Körpers verloren.

Der in jedem Menschen latent vorhandene Gedanke, einen persönlichen Mangel zu haben, in welcher Form auch immer, macht uns leichter manipulierbar. Daher neigen wir dazu, alles Neue kennenlernen und ausprobieren zu wollen.

Durch die Überflutung mit Werbeinformationen in den Medien konzentrieren wir uns daher nur noch auf die „**gesunden Werbeversprechen**", ohne daran zu denken, was der Organismus und die Zellen in unserem Körper wirklich benötigen und verarbeiten kann.

Hier könnte nun eine kilometerlange Liste über solche Werbeversprechen aufgeführt werden, die mit Ihrer Gesundheit aber nicht das Geringste zu tun haben.

Ich will hier nur ein Werbeversprechen als Beispiel aufgreifen, das jahrzehntelang verwendet wurde.

„Butter kann durch nichts ersetzt werden"

Als Margarine (eine Kohlenstoff- und Stickstoffbombe) immer stärker zur Konkurrenz von Butter wurde, suggerierte man den Menschen damit, dass Butter (ebenfalls eine Kohlenstoff- und Stickstoffbombe) gesünder sei.

Das ist natürlich völliger Unsinn, wenn die Zellen durch das Gesamtangebot der Nahrung bereits mit Kohlenstoffen und Stickstoffen überladen wurden. In diesem Falle erstickt Ihre Zelle mit Butter genauso wie mit Margarine.

Der überwiegende Teil der Werbebotschaften besteht aus Werbeversprechen für Kohlenstoff- und Stickstoffprodukte, die in Übermaßen genossen Ihre Zellfunktionen zum Kollaps treiben.

Oder? Wie oft sehen Sie im TV Werbung für Äpfel, Birnen oder frisches Gemüse?

Hinter dieser „gesunden" Methode der Lebensmittelindustrie steht nur das Gewinnstreben des Unternehmens, das ja nichts Schlechtes ist, da jedes Unternehmen Gewinn machen muss, um seine Mitarbeiter/innen bezahlen zu können.

Die Unternehmen können sich nicht darum kümmern, dass Sie aus den Angeboten die richtige Atomzusammenstellung für Ihre optimale Zellnahrung auswählen.

Wenn Sie z.B. öfter als 2 Mal pro Woche Bio-Fleisch essen, womit Sie Ihrem Körper hauptsächlich Stickstoff zuführen, kann das nicht gesund sein, da Sie ja auch noch viele andere tierische Eiweiße in Form von Joghurt, Käse, Eier oder Milch zu sich nehmen, die ebenfalls Ihren Stickstoffanteil erhöhen.

Dafür sind ausschließlich Sie selbst verantwortlich, wenn Sie die 3% Stickstoffatome (**hauptsächlich tierische Eiweiße**) und die 16% Kohlenstoffatome (**Kohlehydrate**) in Ihrem Körper weit über das benötigte Maß hinaus erhöhen.

Hier geht es nicht darum, dass Sie nun kein Fleisch mehr essen dürfen. Es geht ausschließlich um den prozentuellen Anteil, bei dem keine zusätzlichen Ablagerungen mehr gebildet werden können.

Unsere Nahrung besteht hauptsächlich aus Eiweißen und Kohlehydraten, in denen die wichtigen Mineralstoffe enthalten sein sollen.

Es geht nun darum, dass Sie Ihrem Organismus mehr pflanzliches Eiweiß und mehr pflanzliche, unbedenkliche Kohlehydrate zuführen. Dadurch erhalten Sie mit der Nahrung auch wichtige Vitamine und Mineralstoffe, die in den hochprozentigen, denaturierten Kohlehydraten nicht mehr vorhanden sind.

Aber ACHTUNG – lesen Sie auch Kapitel 7 – BIO

Nahrungsmittel, in denen synthetische Vitamine, Geschmacks- und Farbstoffe hinzu gesetzt wurden, sind meines Erachtens wieder nur „**gesunde Werbeversprechen**", um Ihr Gewissen zu beruhigen und völlig nutzlos.

Je nachdem, wie umfangreich Ihre Ablagerungen bereits im Körper vorhanden sind und wie schnell Sie Ihre Ablagerungen abbauen möchten, hier eine circa Richtline, wie Sie Ihr Essen zusammenstellen können:

	Tierisches Eiweiß	Unbedenkliche pflanzliche Eiweiße & Kohlehydrate	Hochprozentige Kohlehydrate (auch Bio)
Starker Abbau	10%	80%	10%
Leichter Abbau	10%	75%	15%
Keine Neubildung	15%	65%	20%

Tasten Sie sich an Ihre optimalen Werte heran. Diese finden Sie heraus, wenn sie sich zwei oder drei Mal pro Woche auf die Waage stellen.

Sie können weiterhin ein Mal oder zwei Mal pro Woche Ihr Schnitzel oder Ihren Schweinebraten essen, wenn Sie möchten. Damit erhalten Sie ausreichend Proteine, die bei der Verdauung in Aminosäuren zerlegt werden und im Körper wieder neu zusammengestellt werden.

Wie in den Vorkapiteln beschrieben, kann der Organismus ein Zuviel dieser Stoffe nur begrenzt ausscheiden und lagert alles darüber Hinausgehende im Körper ab.

Zum Nachdenken möchte ich hier die Reportage in 3SAT - **Die großen Volkskrankheiten** (Alzheimer) erwähnen. Darin berichten die Ärzte von ihren Forschungen und den Eiweißen im Gehirn, die verklumpen und die Nervenbahnen blockieren.

Keiner hat die Frage gestellt, woher diese Eiweißablagerungen kommen. Niemand gab eine Empfehlung, wie man diesen Ablagerungen auf natürliche Weise entgegen wirken kann.

Sie forschen, sie suchen und sie vermuten - sie haben in der DNA dieser Menschen eine Abnormität gefunden, die Alzheimer auslösen könnte. Es könnte aber auch so sein, dass diese Abnormität nur aufzeigt, wo sich speziell bei diesem Menschen die Eiweißablagerungen bilden werden, die er durch den Überkonsum von tierischen Eiweißen verursacht hat (ähnlich wie bei den Krampfadern).

Hier sei nun die Frage eines Nichtmediziners erlaubt: „Wie sind diese Eiweißablagerungen in das Gehirn gekommen?"

Hier gibt es viele Theorien. Es wäre allemal einen Versuch wert, tierische Produkte auf ein Minimum zu reduzieren, damit der Organismus diese Eiweißablagerungen abbauen kann. Der menschliche Organismus ist nicht unbedingt auf tierisches Eiweiß angewiesen.

Seit mir aber bewusst geworden ist, welches Unheil zu viel tierisches Eiweiß in meinem Körper anrichten kann, habe ich gar keine Lust mehr darauf, mehrere Male pro Woche Fleisch oder Wurst zu essen.

Ein Mal oder zwei Mal pro Woche Fleisch, Fisch oder Würste reicht mir allemal. Und das Schöne daran ist**, ich fühle mich fit und vermisse nicht das Geringste!**

Der Genuss von Lebensmitteln mit hohem Kohlenstoff- und Stickstoffgehalt (C- bzw N-Gehalt) hat auch zur Folge, dass sich im Organismus Säuren bilden, die ebenfalls viele Krankheiten verursachen können. Um diese Säuren wieder neutralisieren zu können, müssten enorm viele basische Lebensmittel in Form von Obst, Gemüse und Salat gegessen werden; fast nicht möglich.

Dieses Buch gibt ganz bewusst keine Empfehlung**, welche Lebensmittel Sie in welcher Menge** essen oder wie Ihre Kalorienbilanz aussehen sollte. Die Gefahr ist zu groß, dass Sie wieder einmal nach Programm vorgehen und dadurch bewusst oder unbewusst, die Verantwortung für Ihre Gesundheit ein Stück weit abgeben.

Wenn es Ihnen wichtig ist, gesund zu sein, brauchen Sie sich vor dem Essen nur eine Frage stellen: „**Wie sieht meine heutige Stickstoff- und Kohlenstoffbilanz bereits aus?**"

Wenn Sie sich am Anfang damit schwer tun, informieren Sie sich einfach im Internet, wo beinahe jeder Mensch Zugang zu allen Wissensgebieten dieser Welt hat.

Das Phänomenale an einer bewussten Ernährung ist, dass Sie sofort spüren, wenn Ihr Organismus bestimmte Stoffe benötigt, wenn Sie in Ihren Köper „**hinein hören**".

Wenn Sie im Supermarkt durch die Regale wandern, spüren Sie sofort, ob Ihren Zellen ein bestimmtes Produkt gut tun wird oder nicht. Wenn Sie etwas sehen, worauf Sie Lust verspüren, dann nehmen Sie es, denn dann ist das im Moment richtig für Sie; nichts wäre schlimmer als der Verzichtsgedanke.

Es kommt ausschließlich auf die Dosis an. Überlegen Sie sich kurz, was und wie viel Sie davon essen können, ohne dass dadurch Ihre Zellen erstickt und verklebt werden.

Ein paar Butterkekse oder ein Schokoriegel können Ihnen nichts anhaben, wenn Sie im Ausgleich dafür sorgen, dass Sie auch ausreichend unbedenkliche Kohlehydrate in Form von Obst, Gemüse und Salate zu sich nehmen.

Sie werden Ihre richtige Menge im Laufe der Zeit immer besser ausloten. Und auch hier gilt, **Sie haben die Wahl!** Sie entscheiden, was gut für Ihren Organismus ist.

Wenn Sie jeden Tag Ihr Bier trinken wollen, dann machen Sie es einfach. Sie müssen sich nur bewusst sein, dass Bier aus hochkonzentrierten Kohlenstoffen besteht - Gerste, Hopfen, Malz und Alkohol.

Ich habe in meinem Selbstversuch beinahe jeden Tag mein geliebtes Glas Rotwein (die Kohlenstoffbombe) getrunken und dann langsam auf ein halbes Glas reduziert.

Der Entbehrungsgedanke hat sich dadurch nie eingestellt. Ebenso habe ich es bei meiner geliebten täglichen Schokolade und bei den Nüssen gemacht; ich habe die Dosis, Schritt für Schritt, reduziert.

Das Wissen darum, welchen Schaden ein Kohlenstoff- und Stickstoffüberschuss in meinen Zellen anrichtet, hat es mir leicht gemacht, davon weniger zu essen oder zu trinken.

So habe ich, ohne auf etwas zu verzichten, dafür gesorgt, dass ich meine Zellen ausreichend mit unbedenklichen Kohlehydraten in der Form von Gemüse, Salaten und Obst versorgt werden.

Zum Vergleich, der Kohlehydrate-Anteil, jeweils auf 100 Gramm gerechnet:

Avocado, nur 0,4 g	Blätterteig 28 g
Zucchini, nur 2 g	Brötchen, Semmeln 51 g
Rosenkohl, nur 2,3 g	Laugenbrez'n 68,5 g
Kürbis, nur 4,6 g	Salzstangerl 75,5 g

Natürlich sind auch die Mineralien und die Mikronährstoffe für Ihre Gesundheit sehr wichtig, diese sind aber in der Regel in einer bedarfsgerechten Ernährung enthalten.

Grundsätzlich empfehle ich keine Nahrungsmittel, die Tausende Kilometer mit den LKWs transportiert werden oder den Atlantik überqueren müssen. Bei einer Frucht jedoch möchte ich eine Ausnahme machen.

Schauen Sie sich einmal unter **www.ernaehrung.de** die Inhaltsstoffe der superfetten Frucht **Avocado** an. Diese Frucht hat beinahe alles, was Ihrer Zelle gut tut; mit ein paar Tropfen Zitronensaft oder mit etwas Steinsalz genossen, schmeckt dieses kleine Nährstoffwunder lecker. Ich habe beinahe jeden Tag eine gegessen und ich bin überzeugt, dass mir die darin enthaltenen, natürlichen Fette beim Abnehmen geholfen haben.

Im Internet finden Sie eine weitere gute Adresse für die Zusammenstellung Ihrer Einkaufsliste: **www.zentrum-der-gesundheit.de**. Konzentrieren Sie sich bei Ihrer Liste aber ausschließlich auf jene Produkte, die Sie schon immer gerne gegessen haben oder die Sie einmal gerne essen wollen. Checken Sie Ihre Liste ein einziges Mal hinsichtlich Ihrer Vitamin- und Mineralstoffbilanz und vergessen Sie sie dann sofort wieder.

Es geht nicht darum, welche Lebensmittel Sie essen. Es geht darum, dass Ihre Atome in den Zellen im Lot bleiben.

Stellen Sie sich keinen Tages-Ernährungsplan zusammen, bei dem Sie sich auf die Vitamin- und Nährstoff- oder Kalorientabellen konzentrieren; wiegen Sie auch nichts ab. Das funktioniert auf lange Sicht nicht und Sie bleiben immer abhängig von einem Plan und Ihre Intuition stumpft ab.

Gesund ist nicht das, was Ihnen die Werbung verspricht, sondern ausschließlich das, was Ihr Organismus und Ihre Zellen heute benötigen - **nicht mehr und nicht weniger!**

Wenn es Ihnen egal ist, wie es Ihren Zellen und Ihren Organismus geht, können Sie natürlich alles weiter in sich hinein "schaufeln", was Ihnen die Werbung empfiehlt.

Wenn Sie das Buch gelesen haben, wird Ihnen verständlich sein, dass es für Sie nichts mehr mit Verzicht zu tun haben wird, wenn Sie bestimmte Nahrungsmittel reduzieren, die die Zellen in Ihrem Körper nicht verarbeiten können und daher als unnütze Deponien angelegt werden.

Kapitel 6

Wie sieht Ihre tägliche Ernährung aus?

Könnte sich in der folgenden Übersicht auch Ihr Tages-Speiseplan oder die wohl bekannte Hausmannskost befinden?

Frühstück:

Brot	Kohlenstoff	Marmelade	Kohlenstoff
Butter	Kohlenstoff	Müsli	Kohlenstoff
Käse	Stickstoff	Orangensaft	Kohlenstoff
Wurst	Stickstoff	Rühreier	Stickstoff + Kohlenstoff
Milch	Stickstoff + Kohlenstoff	Zucker	Kohlenstoff

Jause:

Wurstsemmel	Kohlenstoff + Stickstoff	Topfenstrudel	Stickstoff + Kohlenstoff
Coca Cola	Kohlenstoff	Apfelstrudel	Stickstoff + Kohlenstoff
Bier	Kohlenstoff	Leberkäse / Fleischkäse	Stickstoff + Kohlenstoff

Mittagessen:

Wiener Schnitzel	Kohlenstoff + Stickstoff	Spaghetti mit Sugo	Stickstoff + Kohlenstoff
Schweinebraten mit Sauce	Kohlenstoff + Stickstoff	Pizza	Stickstoff + Kohlenstoff
Gulasch mit Knödel	Kohlenstoff + Stickstoff	Kasnocken / Käsespätzle	Stickstoff + Kohlenstoff
Apfelsaft gespritzt	Kohlenstoff	div. andere Säfte	Kohlenstoff

Nachspeise:

Topfenstrudel	Kohlenstoff + Stickstoff	Eis	Stickstoff + Kohlenstoff

Abendessen:

Lasagne	Stickstoff + Kohlenstoff	Tortellini	Stickstoff + Kohlenstoff
Bier	Kohlenstoff	Brote mit Wurst+Käse	Stickstoff + Kohlenstoff
Wein	Kohlenstoff	Limonaden	Kohlenstoff

Wenn ja, überlegen Sie sich einmal, welchen Kohlenstoff- oder Stickstoffüberschuss Sie Ihren Zellen an diesem Tag verabreicht haben?

Auch wenn Sie zu den Hauptmahlzeiten etwas Gemüse oder Salat gegessen haben, wird damit Ihre Nährstoffbilanz nicht im Lot sein.

Was macht die Zelle mit diesem Überschuss?

Kohlenstoffe könnten Sie täglich abbauen, wenn Sie ca. 1-2 Stunden kräftig ins Schwitzen kommen, weil Sie körperliche Schwerarbeit verrichten. Machen Sie das nicht, weil Sie einen sitzenden Beruf haben, werden die Kohlenstoffe in den Zellen abgelagert.

Je nachdem, welches Lagermanagement Ihr Körper bevorzugt, sehen Sie den Kohlenstoffüberschuss dann am Bauch, am Gesicht, am Hals, an den Hüften oder am Po.

Sind Sie trotz Kohlenstoffüberschuss ein schlanker Mensch, haben sich die Depots in Ihren Blutgefäßen und inneren Organen wie z.B. Herz, Leber oder Nieren gebildet.

Der Abbau von Stickstoffüberschuss dagegen ist etwas schwieriger; er wird über die Nieren bzw. den Harn abgebaut. Was nicht abgebaut werden kann, setzt sich ebenfalls in den Zellen im Körper ab.

Bemerkbar macht sich dies meist erst nach Jahren mit Krankheiten wie Nierensteinen, Gicht, Schulterschmerzen, Schmerzen an den Knien, Schmerzen an der Hüfte oder sonstigen Gelenkschmerzen.

Das sind aber noch längst nicht alle Nebenerscheinungen von Kohlenstoff- und Stickstoffüberschuss. Diese Aufzählung ließe sich noch weiter fortsetzen mit hohem Blutdruck, Hämorrhoiden, Krampfadern und noch vieles andere mehr.

Natürlich setzt sich ein Zuviel an Kohlenstoff- und Stickstoff-Atomen z.B. auch in den Augen ab, die ja ebenfalls aus Atomen bestehen.

Machen Sie den Test und schauen Sie gegen den Himmel und beobachten Sie, ob sich vor Ihren Augen etwas bewegt? Ist Ihr Blick völlig klar oder wandern gelegentlich kleine Schatten über die Pupille?

Wenn es in Gesprächen um das Thema Entschlackung gegangen ist, habe ich mir immer gedacht: „Was reden die Leute da für einen Blödsinn?" „Schlacken" gibt es im Hochofen bei der Eisenerzeugung, aber nicht bei mir, wo ich mich doch gesund und vollwertig ernähre!

Ja, gerade deshalb!

Täglicher Stickstoffüberschuss durch tierische Eiweiße wie **Bio-Butter, Bio-Milch, Bio-Joghurt, Bio-Eier, Bio-Fleisch, Bio-Käse und Bio-Wurst** bringt die Zellfunktion bei jedem Menschen zum Erliegen.

Diese Aufzählung könnte noch seitenlang mit Bio-Kohlenstoff-Produkten fortgesetzt werden. Sie bringen natürlich Ihre Zellen mit einem Übermaß an Rohrohrzucker oder Honig ebenfalls zum Ersticken.

Geben Sie sich nicht mehr damit zufrieden, wenn Ihnen gesagt wird, dass diverse Beschwerden altersbedingte Erscheinungen sind und Sie „kürzer treten sollten".

Wer Ihnen das sagt, weiß über die physiologischen Vorgänge im menschlichen Körper nicht Bescheid oder es ist ihm/ihr gerade zu mühsam, Ihnen das im Detail zu erklären.

Wenn Sie diesen Unsinn ernst nehmen, programmieren Sie damit Ihre Atome im Körper, die diese Schwingungen an alle Zellen weiter leiten.

Diese Schonung geht in den schleichenden Verfall Ihres Organismus´ über; da können Sie sich gleich aufs Sterben vorbereiten.

Die Zellen in unserem Körper erneuern sich permanent. Die ältesten Zellen in unserem Körper sind höchstens 15 Jahre alt.

Die **Ablagerungen jedoch bleiben bestehen.** Und niemand auf diesem Globus, kein Arzt/keine Ärztin und auch kein Medikament werden diese Ablagerungen für Sie aus Ihrem Körper holen.

Sie haben die Wahl. Wenn Sie in der Vergangenheit nicht ganz bewusst darauf geachtet haben, wie Sie sich ernährt haben, dann sind diese Ablagerungen bereits zuhauf in Ihrem Körper vorhanden; ganz egal wie schlank oder wie dick Sie sind.

Kapitel 7

Warum auch *BIO* tödlich sein kann

Biologisch erzeugte Nahrungsmittel können jedem Menschen nur wärmstens empfohlen werden. Ihren Zellen ist es aber völlig egal, wo ein Kohlenstoff- oder Stickstoffüberschuss herkommt.

Wenn Sie von den hochwertigen Lebensmitteln langfristig eine Überdosis essen, begeben Sie sich damit in dieselbe tödliche Gefahr, als wenn Sie nicht biologisch gegessen hätten.

Wenn Sie Fleisch, Eier, Milch und Käse vom Biobauern kaufen, sich die Nudeln, das Sugo (Tomatensauce), die Wurst und die Schokolade im Bio-Supermarkt holen, leben Sie deswegen nicht wesentlich gesünder, wenn die richtige Zusammensetzung nicht stimmt.

Wenn Sie nun dafür jede Woche einen Obsttag einlegen und an einem Tag nur Äpfel, Orangen, Beeren, Bananen oder sonstige Früchte essen, **tun Sie sich aber auch nichts Gutes**.

Sie erreichen mit höchster Wahrscheinlichkeit nur, dass Sie durch den Fruchtzucker den Kohlenstoffanteil in Ihren Zellen weit über das benötigte Maß hinaus erhöhen.

1 Liter Apfelsaft hat nun mal mehr als 25 Stück Würfelzucker; reiner Kohlenstoff, der sich bei einem Überschuss im Körper als Krampfadern oder Hämorrhoiden absetzen kann.

Grundsätzlich ist es gut, sich auf biologisch erzeugte Lebensmittel zu konzentrieren. Wenn Sie jedoch nicht auf die prozentuelle benötigte Dosis achten, wird es Ihnen wie mir ergehen, der jahrelang im Bioladen eingekauft hat.

Ablagerungen in den Schultern mit starken, jahrelangen Schmerzen an den Schultergelenken. Bei einer Operation, die diese Ablagerungen entfernen sollte, musste auch die hintere Bizepssehne durchtrennt werden, die laut Ärzte kein Mensch benötigt.

Das Ergebnis dieser Operation war, dass ich danach weit größere Schmerzen hatte als zuvor und weitere Schmerzen kamen hinzu, die ich vorher nicht gekannt habe. Zusätzlich zu diesen Schmerzen hatte ich danach auch in Ruhestellung einen ständig ziehenden Schmerz im linken Schulterblatt.

Dieser Schmerz verstärkt sich ganz besonders beim Radfahren, sodass eine Radtour für mich kein Vergnügen mehr ist; ich mache sie aber dennoch, weil ich überzeugt bin, dass durch die Schmerzen das Reparaturprogramm meines Körpers noch besser aktiviert wird.

Laut schriftlicher Stellungnahme des ärztlichen Leiters der Klinik wurde diese Operation nach „allen Regeln der ärztlichen Kunst" durchgeführt!

Trotz Physiotherapie, Bewegungstherapie, Massagen, Moorpackungen, etc. war 2 Jahre keine Schmerzlinderung zu erreichen.

Inzwischen habe ich dieses Problem selber behoben; es wird **auf Seite 66** beschrieben.

Hätte ich das heutige Wissen über die Kohlenstoff- und Stickstoffablagerungen bereits vor 3 Jahren gehabt, hätte ich diese Operation niemals machen lassen.

Die Nahrungsmittel in Bio-Qualität bescherten mir die vorhin erwähnten Ermüdungserscheinungen und Ablagerungen, sowie ein Körpergewicht von 115 kg bei einer Größe von 182 cm.

Biologische Nahrungsmittel haben zwar den Vorteil, dass sie von unerwünschten Hormonen oder Antibiotika frei sind, bei einer Überdosis richten Sie im Grunde aber genau denselben Schaden an den Zellen an wie Standard-Lebensmittel.

Ein Kohlenstoff- und Stickstoff-Überschuss aus Bio-Lebensmittel erstickt die Zellen ebenso.

Auf der letzten Seite des Buches finden Sie einen Speiseplan, mit dem ich mehr als 25 Kilo abnehmen konnte und bereits einen Großteil meiner Stickstoff- und Kohlenstoffdepots abgebaut habe.

Sie haben die Wahl und können die für Sie richtige Zusammenstellung finden – Sie benötigen lediglich den Schlüssel **3.4.16%** und Sie werden ein seit langem nicht mehr gekanntes Lebensgefühl der Fitness und der Zufriedenheit spüren.

Kapitel 8

Warum Nahrungsergänzungsprodukte für die meisten Menschen sinnlos sind

Angenommen, Ihr Arzt/Ihre Ärztin diagnostiziert einen Mangel an diversen Mineralstoffen oder Vitaminen und begründet dies mit denaturierten Lebensmitteln.

Es stimmt schon, dass ein Großteil unserer Nahrung industriell aufbereitet, durch Koch- und Bratvorgänge weitgehend denaturiert und durch Gewürze erst wieder schmackhaft gemacht wurde.

Aber was sollen die Zusatzstoffe in den Nahrungsergänzungsprodukten noch ausrichten, wenn der Zellstoffwechsel kurz vor dem Kollaps steht, da die Zellen mit Kohlenstoff- und Stickstoffablagerungen zubetoniert worden sind?

Der Organismus ist nicht mehr in der Lage, diese Zusatzstoffe optimal zu verarbeiten.

Sparen Sie sich jeden Euro dafür, es wird Sie nicht wirklich weiter bringen. Wenn Sie schon einmal das Gefühl hatten, dass Ihnen diese Zusatzstoffe geholfen haben, dann war das großteils der bekannte Placebo-Effekt!

Ihr Glaube daran, dass ein bestimmtes Mittel hilft, hat Ihre Atome im Körper in Schwingungen versetzt. Diese positiven „Glaubensschwingungen" führten dazu, dass Sie sich tatsächlich besser gefühlt haben.

Dazu kommt das Problem, dass man in der Folge ohne Nahrungsergänzungsmittel bzw. diversen Konzentraten nicht mehr auskommt und das Gefühl hat, immer etwas nehmen zu müssen; man wird abhängig.

Solange Ihre Zellen nicht in der Lage sind, diese Stoffe optimal zu verarbeiten, helfen Ihnen keine Brain-Food (Gehirnnahrung) und auch keine andere, natürliche Nahrungsergänzung.

Kapitel 9

Wie erkenne ich meine optimale Zellnahrung (3.4.16%)

Das ist ganz einfach, Sie müssen sich nur selbst fragen und mit Ihren Atomen im Körper Kontakt aufnehmen.

Ja, Sie haben richtig gelesen! Wie in Kapitel 5 beschrieben besteht Ihr Köper aus den verschiedensten Atomen, die permanent in Schwingung sind. Dadurch entstehen im Körper **feinste Gleichstromimpulse. Das ist die Zellenergie**, mit der unser Organismus richtig funktionieren kann.

Starke Gedanken mit einer Konzentration auf Ihr Ziel - **Ablagerungen abzubauen und neue Ablagerungen verhindern** - bringen Ihre Atome in die richtige Schwingung.

Konzentrieren Sie sich auf diese Frage, so erhalten Sie bereits in wenigen Sekunden oder Minuten von Ihrem Körper eine Rückmeldung, ob etwas Bestimmtes gut für Sie ist.

Funktioniert das bei Ihnen nicht, gibt es mehrere Ursachen dafür. Eine der häufigsten Ursachen ist, dass wir in unserer Gesellschaft nicht gewohnt sind, auf unseren Körper zu hören, oder ihn wahrzunehmen. Wir sind so sehr vom Kopf gesteuert, dass wir gar nicht wahrnehmen dass wir in einem Körper zuhause sind.

Durch Übung bekommt man jedoch mit der Zeit ein Gespür für den Körper, für die Zellen - und sie "sprechen" dann auch mit einem. Ein Gespür für den Körper hat im Grunde jeder, denn wenn man zum Beispiel Magenschmerzen hat, so weiß man intuitiv dass ein eiskaltes Getränk nicht gut ist.

Nun geht es nur darum, diese Fähigkeit auf den Alltag zu übertragen, und ohne akute Schmerzen - durch Verfeinerung des Gespürs - das Richtige für den Körper zu erkennen und zu erspüren.

Die wichtigste Frage ist: **Ist es Ihnen wirklich wichtig, Ihre Kohlenstoff- und Stickstoffablagerungen aus dem Körper hinaus zu bringen?**

Wenn Sie diese Frage ohne Einschränkung bejahen können, werden Sie Ihre zielgerichteten Schwingungen zur Lösung jedes noch so kleinen Problems führen und die für Sie beste Zusammensetzung Ihrer Nahrung finden.

Ihr Verlangen nach hochkonzentrierten Kohlenstoff- und Stickstoffprodukten wie z.B. Bier oder sonstige alkoholische Getränke, Süßigkeiten, Fleisch, fette Produkte und Fast Food wird schlagartig zurückgehen.

Wenn Sie sich im Internet informieren, werden Sie sehen, dass die meisten Getreidearten zwischen 60 und 75% Kohlehydrate haben. Sie werden von diesen Lebensmittel nur noch die Dosis zu sich nehmen, die Ihnen gut tut.

Kartoffeln dagegen haben nur einen Kohlenstoffanteil von 16% und wenn Sie das Getreide keimen lassen, hat es nur noch einen verschwindend geringen Kohlenstoffanteil.

Sie können mit gekeimtem Getreide das leckere Essenerbrot backen und abwechslungsreich mit Gewürzen, Oliven, Zwiebeln oder Knoblauch verfeinern!

Natürlich können Sie auch weiterhin Pommes Frites essen, da erhöht sich aber der Kohlenstoffanteil der Kartoffeln von 16% auf über 80%. Probieren Sie jedoch einmal die im Backrohr selbst gemachten Kartoffel-Spalten, in Alufolie eingewickelt, mit leckerer Gewürzmischung und Sie werden die Pommes nicht länger vermissen.

Sie können alle guten Ratschläge über Diäten und Ernährung vergessen. Diese haben für Sie keine Gültigkeit mehr. Sie haben einen individuellen Organismus und es zählt nur das, was gut für Sie ist.

Wenn Sie Ihre Entscheidung intuitiv und mit Kraft treffen, dann wird sie richtig sein.

Die Hauptverantwortung für Ihre Nahrungsaufnahme und Ihre Gesundheit liegt ausschließlich bei Ihnen selbst. Sie können nicht den guten Ratschlägen in der Werbung die Schuld geben, wenn Sie sich falsch ernähren.

Auch ich habe mir das selber nie vorstellen können, aber es kommt für Sie der Tag, an dem Sie einen Energieriegel nicht mehr in einem Satz aufessen, sondern eine Hälfte für den nächsten Tag aufbewahren wollen und jeden Bissen bewusst genießen werden.

Da Sie sich körperlich von Tag zu Tag besser fühlen, bedeutet es für Sie schon nach 3-4 Wochen keine Überwindung mehr, von einem Topfenstrudel nur die Hälfte zu essen oder ihn einfach einmal ohne die geringste Wehmut weg zu lassen.

Damit Sie sich am Anfang leichter tun, schauen Sie sich meine Ernährungsaufstellung am Ende des Buches an. Am Anfang habe ich nur sporadisch Notizen gemacht.

Als ich mit der Kohlenstoff- und Stickstoffreduktion bereits in den ersten 3 Wochen 4 Kilo abgenommen hatte, wuchs der Wunsch, diese Informationen nieder zu schreiben und vielen Menschen zugänglich zu machen.

Die am Anfang fehlenden Aufzeichnungen wurden nicht nachkonstruiert; alle Angaben sollen zu 100% mit den tatsächlich erfolgten Ereignissen identisch sein.

Diese Aufzeichnungen zeigen, dass Sie auf nichts verzichten müssen; ob Pizza, Spaghetti, Nudeln oder Schokolade - es gibt keine Tabus.

Es kommt darauf an, dass Sie sich beim Essen bewusst auf mehr unbedenkliche Kohlehydrate konzentrieren und tierische Eiweiße und stark kohlenhydrathaltige Produkte **nach Bauchgefühl reduzieren**.

Dadurch werden Sie sich im Laufe von ein paar Wochen immer besser fühlen und geradezu Lust verspüren, einige weitere stark kohlehydrate- oder stickstoffhaltige Lebensmittel verstärkt zu reduzieren. Sie betrachten das dann als Spiel und bekommen Lust darauf, selbst zu bestimmen, was gut für Sie ist.

Geschieht dies ohne das Gefühl, etwas nicht essen zu dürfen, dann sind Sie auf dem richtigen Weg.

Dass Sie auf dem richtigen Weg sind, spüren Sie auch dadurch, dass eine unsichtbare Kraft Sie hinauszieht in die freie Natur. Sie haben Lust auf Bewegung und spüren die Energie in Ihrem Körper, da spielt regnerische, kalte Witterung keine Rolle mehr.

Sind Sie sich bei Ihrer persönlichen Zellnahrung nicht sicher, suchen Sie im Internet; Sie finden auf Ihre Fragen stets mehrere Antworten. Wenn Sie in Ihren Körper „**hinein hören**" finden Sie intuitiv die für Sie richtige Antwort.

Sind Sie im Umgang mit dem Internet nicht so erfahren, schreiben Sie mir. Ich kann Ihnen wissenswerte Infos geben, da ich mich in meinem Hauptberuf täglich 10 Stunden damit beschäftige; zu sehen unter www.suchmaschinenprofi.net.

Ja, und wenn Sie dieses Programm mit Ihrer(m) Partner(in) machen können, erleben Sie eine neue Erotik, die durch nichts getoppt werden kann.

Meine Frau hat durch diese Ernährungsweise ganz nebenbei, 9 Kilo an Kohlenstoff- und Stickstoffablagerungen abgebaut und ist so fit, wie ich sie noch nie erlebt habe.

Stellen Sie sich 9 Kilo Butter vor und stapeln Sie 36 Päckchen zu je 250 Gramm vor Ihrem geistigen Auge! Diese 36 Päckchen Butter haben bisher ihren Blutkreislauf und Ihre Zellen belastet.

Sollten Ihnen Gedanken kommen, wie „Das hört sich ja alles gut an, dann darf ich aber nicht mehr so viel Brot, Fleisch oder Würste essen wie bisher." oder „Das ist ja wieder eine Diät oder ein Verzicht auf Liebgewonnenes!", vergessen Sie das Ganze sofort.

Das wird dann nichts! Es geht nicht ums Verzichten, sondern ausschließlich darum, was Ihre Zellen benötigen, damit Ihr Organismus richtig funktionieren kann und frisch, fit und munter bleibt.

Wenn Sie das nicht wollen, machen Sie einfach so weiter wie bisher.

Wenn Sie sich mit Ihrer bisherigen Ernährung wohl fühlen, Sie an keinen Beschwerden leiden und es Ihnen gut geht, dann haben Sie wahrscheinlich bereits unbewusst diesen **3.4.16% Schlüssel** eingehalten und Ihr Organismus wird in Ordnung sein.

Wenn Sie natürlich nun eine neue Regel aufstellen und sagen, dass täglich eine Tafel Schokolade gut für Sie ist, dann wird das nicht funktionieren.

Ihr Zellstoffwechsel funktioniert nach den unveränderbaren Naturgesetzen; daher wird dieser Überschuss irgendwo in Ihrem System abgelagert und wenn die Lagerkapazität erschöpft ist, bekommen Sie die Rechnung präsentiert.

Möchten Sie **alle komplizierten Zusammenhänge** im Zellstoffwechsel kennen lernen, lesen Sie bitte ein anderes Buch, die werden Sie hier nicht finden, da sie meines Erachtens für eine gesunde Ernährung nicht Bedeutung sind!

Wenn Sie nun denken, so habe ich die Thematik noch gar nie gesehen, das will ich einmal versuchen, gehen Sie zu Ihrem Arzt/Ihrer Ärztin, bevor Sie beginnen.

Lassen Sie eine umfassende Blutuntersuchung machen, lassen Sie auch abklären, ob Ihre Schilddrüse richtig funktioniert, die Verdauung und Ihr Stuhlgang in Ordnung sind, ob vielleicht Pilze oder Parasiten Ihre Verdauung beeinträchtigen und lassen Sie Ihren Blutdruck messen.

Dies soll lediglich zu Ihrer persönlichen Information dienen. Mein Blutbild ist in der Homepage zu sehen – **www.abnehmen-1a.at**.

Diese Ernährungsinfo ist kein Eingriff in eine eventuell bestehende ärztliche Medikation. Hat Ihnen Ihr(e) Arzt/Ärztin bestimmte Lebensmittel strikt verboten, halten Sie sich daran.

Wenn es diesbezüglich für Sie keine Verbote gibt, können Sie Ihrem(er) Arzt/Ärztin sagen, das Sie nun die Ernährung umstellen, Sie müssen dies aber nicht tun, da Sie keine zusätzlichen Medikamente einnehmen, die die Wirkung anderer Medikamente beeinflussen könnten.

Sie essen in Zukunft ganz einfach bewusster und in der Regel hat Ihr(e) Arzt/Ärztin bisher auch nicht Ihr Essen kontrolliert; **das liegt ausschließlich in Ihrer Verantwortung.**

Wenn Sie sich schon darauf freuen, nur das einzukaufen, was Ihrem Körper gut tut, ist das Ihr erster Schritte zu einer nie gekannten Fitness.

Kapitel 10

Gesund & munter mit Hausverstand

Mit den Infos in **Kapitel 5 und 6** können Sie nun selbst abschätzen, ob Sie Ihrem Körper in der Vergangenheit zu viel hochprozentige Kohlehydrate und tierische Eiweiße zugemutet haben.

Wenn Sie diese Frage mit „ja" beantworten können, dann starten Sie sofort und ändern Sie dies. Es kostet Sie keinen Euro zusätzlich, aber mit großer Wahrscheinlichkeit Ihre Gesundheit, wenn Sie es nicht tun.

Mit diesem Wissen nun gibt es auch für Sie keine Ausflüchte mehr, wenn Sie eine ernährungsbedingte Krankheit ereilt.

Der menschliche Organismus ist bis auf wenige Ausnahmen, z.B. einen genetischen Defekt, auf Wachstum und Gesundheit ausgerichtet.

Die Behauptung, dass Sie beim Gewicht erblich belastet sind, ist in den überwiegenden Fällen eine Ausrede, um nichts machen zu müssen oder das schlechte Gewissen zu beruhigen.

Und wenn Sie skeptisch sind, fragen Sie sich einfach: „Was kann mir im schlimmsten Fall passieren, wenn ich meinem Körper einmal 3 Monate lang weniger Kohlenstoff und weniger Stickstoff zumute?"

Sie werden feststellen, dass Sie sich schon nach wenigen Wochen fitter und agiler fühlen.

Bei mir stellte sich eine körperliche Frische und Ausgeglichenheit ein, die begleitet wurde von der Lust auf Bewegung.

Sie müssen auch nicht mehr an den Spruch denken „Man muss den inneren Schweinehund überwinden" - die täglichen sportlichen Aktivitäten erfordern keine Überwindung mehr, Sie werden sie aus purer Lust machen wollen.

Das Allerwichtigste für Sie ist, dass Sie niemals die Verantwortung für Ihre Ernährung im Supermarkt abgeben oder darauf hoffen, dass ein Medikament Sie gesund machen wird.

Fragen Sie sich zum Beispiel selbst, was Sie getan hätten, wenn Sie meine Situation nach der Schulteroperation erlebt hätten.

Ich hatte noch 2 Jahre nach dieser Operation bei bestimmten Bewegungen blitzschnell einschießende, krampfartige Schmerzen im Bizeps (täglich ca. 5-10 Mal) und einen ständig ziehenden Schmerz im Schulterblatt.

Die empfohlene Physiotherapie brachte keine Schmerzlinderung. Ich nahm regelmäßig Schmerzmittel und zusätzlich ein Gegenmittel, um die schädlichen Auswirkungen der Schmerzmittel im Magen abzufedern.

Der Neurochirurg empfahl mir eine Stoßwellentherapie, die pro Behandlung rd. 4 Minuten dauern soll, jeweils € 70,00 kostete und von der Krankenversicherung nicht bezahlt wurde. Eine Garantie, dass die Schmerzen damit weggehen erhielt ich natürlich nicht.

Weitere Empfehlungen lauteten, dass ich mich schonen müsse und mit knapp 60 Jahren ja auch nicht mehr der Jüngste sei.

Da war dann bei mir endgültig Schluss damit, mir weitere Empfehlungen „… vielleicht wird das ja was" anzuhören oder Therapien zu machen, die meine Situation nicht verbessern.

Wird der menschliche Organismus geschont, gehen viele wichtige Funktionen verloren und der Körper wird schwach und schlaff.

Das sagte mir einfach mein Hausverstand; ich setzte die Schmerzmittel ab und ging ins Fitnessstudio.

Beim Training konzentrierte ich mich auf die schmerzenden Stellen im Bereich des Schultergelenkes und des Schulterblattes.

Vorsichtig tastete ich mich an die Schmerzgrenze heran, wobei es mir den Schweiß aus allen Poren trieb. Ich ließ nicht locker und forderte meinen Körper trotz Schmerzen immer wieder aufs Neue, obwohl ich nach dem Training oft 2 Tage danach noch Schmerzen deswegen hatte.

In mir war eine starke bildliche Vorstellung davon, dass mein Körper für die bei der Operation durchtrennte hintere Bizeps-Sehne einen Ausweg finden wird.

Nach ca. 2 Monaten spürte ich immer weniger Schmerzen beim Training und die krampfartigen Schmerzen im Bizeps machten sich täglich nur noch 2-3 Mal bemerkbar.

In der Zwischenzeit ist mehr als ein Jahr vergangen, die Leistungsfähigkeit des linken Arms hat sich von vorher ca. 25% auf nunmehr ungefähr 75% erhöht und die krampfartigen Schmerzen stellen sich nur noch wenige Male pro Woche ein.

Bitte verstehen Sie diesen Bericht nicht als Empfehlung, dass Sie das gleiche tun sollen, wenn Sie Schmerzen haben. Ich bin kein Arzt.

Es kommt immer darauf an, welche Schmerzen das sind.

Ich möchte Sie nur anregen, etwas zu tun. Niemand nimmt Ihnen das Gesundwerden ab. Das können nur Sie selber in die Hand nehmen.

Wichtig ist dabei, dass Sie sich bei Problemen oder Schmerzen nicht überfordern, sondern sich vorsichtig an Ihre Möglichkeiten herantasten und Ideen ausprobieren, die Sie sich vorstellen können.

Bei bestimmten Verletzungen ist der Schmerz sogar gut, da dadurch Ihr körpereigenes Reparaturprogramm schneller angekurbelt wird.

Mit diesen Informationen sollte Ihnen bewusst geworden sein, dass Sie viele ernährungsbedingten Beschwerden oder Krankheiten zum überwiegenden Teil selbst verursachen und auch nur selbst lösen können.

In der Ernährungsübersicht in Kapitel 12 sehen Sie, wie einfach es für mich war, von Jänner bis Mai 20 Kilo abzunehmen und ein Körper- und Fitnessgefühl zu bekommen, wie ich es seit mehr als 25 Jahren nicht mehr gekannt habe.

Bis zum Erscheinen dieses Buches werden es aber schon wesentlich mehr sein; meine weiteren Fortschritte können Sie im Internet unter **www.abnehmen-1a.at** nachverfolgen.

Bitte verstehen Sie diese Infos nicht als schnelle Anleitung zum Abnehmen. Es kommt ausschließlich darauf an, Ihre Kohlenstoff- und Stickstoffdepots abzubauen.

Da Sie mehr Lust auf Bewegung und Sport bekommen, bauen Sie auch Muskelmasse auf. Mehr Muskelmasse bedeutet auch eine Gewichtszunahme, hat aber den positiven Effekt, dass mehr Muskeln in der Folge mehr Energie benötigen und mehr Kohlenstoffe abbauen.

Diese Muskeln können Sie aber nach wenigen Wochen noch nicht so deutlich sehen, da sie von Kohlenstoffablagerungen überdeckt sind.

Es ist daher völlig normal, wenn sich der Zeiger auf Ihrer Waage eine Zeit lang nicht von der Stelle bewegt.

Wenn Sie sich Tipps von Ernährungsexperten/innen holen möchten, stellen Sie sich stets 2 wichtige Fragen:

Gibt es beweisbare Erfolge für diese Empfehlungen? Wie sieht die persönliche Situation der/des Beraters(in) aus?

Viele schlanke Ernährungsexperten(innen) geben in der Regel weiter, wie der menschliche Organismus in der Theorie funktionieren soll, haben aber zum überwiegenden Teil am eigenen Körper noch nie die entsprechenden praktischen Erfahrungen gemacht.

Diese Einsicht habe ich gewonnen, nachdem ich in einem Zeitraum von 30 Jahren viele verschiedene Empfehlungen anlässlich meiner Bio-Urlaube und Fastenkuren bekommen und befolgt habe, die mich nicht wirklich langfristig weiter gebracht haben.

Ihr Körper ist ein einzigartiges Exemplar, daher können auch scheinbar plausible Erklärungen von Experten/innen für Sie völlig danebenliegen.

Meine jahrelangen Fehlschläge haben mich gelehrt, dass ich in Zukunft ausschließlich auf „**meine Atome**" hören werde, die mir mit 100%iger Präzision sagen, welche Ernährung ich zu welchem Zeitpunkt benötige, damit meine Zellen im Körper optimal funktionieren können.

Auch **Sie haben die Wahl! Sie können** auf jemand Außenstehenden oder auf Ihre innere Stimme hören. Sie können gesund & fit sein.

Wenn Sie das Bedürfnis nach Schweinebraten mit Knödel oder Weißwürste mit viel Senf und Brez´n haben, geben Sie sich das.

Einem gesunden Organismus, bei dem die Nährstoffbalance im Großen und Ganzen stimmt, macht dieser kurze C und N Überschuss nichts aus (C und N = Kohlenstoff und Stickstoff).

Alle Männer, die eine **Hopfen-Gerste-Malz-Kugel** vor sich her tragen (Bierbauch) und sich nur noch mit Mühe die Schuhbänder zubinden können, weil sie auch nicht mehr in der Lage sind, ohne Schwierigkeiten in die Hocke zu gehen, können sich jederzeit bei mir melden, wenn das letzte Teilchen zum Verständnis fehlt; ich hatte dieses Problem auch einmal.

Alle Frauen, die denken, dass sie die Polster an den Beinen, am Bauch, an den Hüften und oder am Po nicht mehr wegbringen, können sich gerne bei meiner Partnerin, Fr. Maria Voithofer melden, wenn sie zu diesen Informationen noch offene Fragen haben – **www.gesund-munter.com**.

Gesundheit hat nichts mit Glück zu tun und Krankheit ist zu 99% kein Schicksal.

In diesem Buch ist ganz bewusst keine große Übersicht über die täglichen Grundnahrungsmittel, mit der entsprechenden Zuordnung nach **Kohlehydraten, Kalorien, tierischen Eiweißen oder Fetten** aufgeführt.

Dies deshalb, da Sie nur dann erfolgreich sein werden, wenn Sie nach Ihren persönlichen Bedürfnissen vorgehen und Ihre Intuition trainieren.

Essen Sie alles, wonach Ihnen ist, fragen Sie sich bei jedem Essen lediglich kurz, wie sieht damit meine tägliche Kohlenstoff- und Stickstoffbilanz aus.

Zur leichteren Orientierung hier nur ein paar Beispiele:

Mit tierischen Produkten wird Ihre Stickstoffbilanz erhöht: Alle Arten von Fleisch (Schwein, Rind, Geflügel, Wild, Fisch), Wurst, fleischhaltige Kombinationsprodukte wie Spagetti Saucen, Fertiggerichte wie Lasagne, Pizzen, Milch und alle Milchprodukte wie Joghurt, Käse, Butter, tierische Fette, Eier.

Mit den folgenden Kohlehydraten wird Ihre Kohlenstoffbilanz stark erhöht: Darunter fallen alle Getreideprodukte z.B. Mehlspeisen wie Torten, Kekse, Waffeln etc., alle Nudeln, Reis, Zucker, Obst, getrocknete Früchte, Bananen, Nüsse, alle Vollkornprodukte – Sie können aber alles essen, wenn Sie **- 3.4.16%** im Auge behalten.

Mit den folgenden Kohlehydraten wird Ihre Kohlenstoffbilanz meist unbedenklich erhöht: Alle Salate, Gemüsesorten wie z.B. Zucchini, Karotten, Gurken, Tomaten, Karfiol, Blumenkohl, Broccoli, Kürbis, Kartoffeln, Avocado.

Ihrer Zelle ist es völlig egal, ob der Kohlenstoffüberschuss BIO oder nicht BIO ist.

Wenn Sie sich einen gesunden **SMOOTHIE** aus ein paar Äpfel, Bananen, Karotten und Birnen machen, ist das zwar ein Cocktail mit vielen gesunden Vitaminen und Mineralstoffen, es handelt sich dabei aber auch um eine **Kohlenstoff-BOMBE** par excellence (Fruchtzucker).

Sind Ihre Zellen mit Kohlenstoff- und Stickstoffatomen bereits überladen, können diese Vitamine nicht dazu beitragen, dass Sie sich besser fühlen.

Ich habe jeden Tag 1-2 Äpfel oder auch Orangen gegessen; damit wird Ihre Kohlenstoffbilanz im Lot bleiben.

Sie können aber daraus auch einen **grünen Smoothie** machen und unbedenkliche Kohlenhydrate - etwas Gemüse – beimischen.

Wenn Sie sich einige Zeit mit dem Thema **3.4.16%** beschäftigt haben, werden Sie immer bewusster damit umgehen und in Zukunft halt nur noch 1/8 l Smoothie langsam und ganz bewusst genießen.

Kapitel 11

Der Erfahrungsbericht

Wie bereits erwähnt, sind die folgenden Aufzeichnungen 100%ig identisch mit dem tatsächlich Erlebten; sie wurden zu Beginn nur sporadisch zur Selbstkontrolle gemacht.

Erst als die Idee für dieses Buch entstand, habe ich detaillierte Aufzeichnungen gemacht und die Tageszeitübersicht eingeführt.

Wenn Ihnen beim Lesen der Frühstücksaufzeichnungen Zweifel kommen und Sie denken, davon kann ja kein erwachsener Mensch satt werden, empfehle ich Ihnen, probieren Sie es aus!

Ich habe nie auf etwas verzichtet, habe nur gegessen, wenn ich Hunger hatte und hatte einfach **keine Lust mehr, meinen Zellen unnötige hochprozentige Kohlenstoff- und Stickstoff-Nahrung** zu verabreichen.

Ab jetzt können Sie sofort vergessen, dass Sie abnehmen oder Fett verbrennen sollen, dies ist nur eine angenehme Nebenerscheinung. Es geht einzig und allein darum, dass Sie Ihre überflüssigen, krank machenden Ablagerungen im Körper abbauen; nur dann haben Ihre Zellen im Körper eine Chance, das zu tun, was sie tun möchten - Sie gesund zu erhalten.

Wenn dieses Denken für Sie hohe Priorität hat, gewinnen Sie 100%iges Selbstvertrauen und es wird in Zukunft keine unkontrollierte Gewichtszunahme mehr geben.

Bis zum Erscheinen dieses Buches habe ich mehr als 25 Kilo abgenommen. Stellen Sie sich dieses Gewicht nun einmal bildlich vor; ich liebe diesen **Butter-Berg-Vergleich**, den sich alle gut vorstellen können, da es sich um ein fast täglich genossenes Produkt handelt.

Stapeln Sie 100 Stück ¼ Kilo Päckchen Butter vor Ihrem geistigen Auge – diese Mengen an überschüssigen Kohlenstoff- und Stickstoffablagerungen haben davor die Zellen in meinen inneren Organen, die Adern und alle Blutgefäße belagert und verengt.

Können Sie sich ungefähr vorstellen, wie fit ich mich nun fühle?

Seit mir bewusst geworden ist, welchen Schaden diese Ablagerungen in meinem Körper anrichten, **bin ich unendlich dankbar** dafür, dass er mich bisher so gut durchs Leben getragen hat. Dass ich das diesem Wunderwerk nicht noch einmal zumuten werde, ist die logische Folge dieser Einsicht.

Ich freue mich bereits jetzt darauf, die noch fehlenden 5 Kilo Stickstoff- und Kohlenstoffablagerungen aus meinem Körper hinaus zu bekommen, um mein Wunschgewicht von rd. 85 Kilo zu erreichen. Für den bekannten Jo-Jo-Effekt, vor dem so oft gewarnt wird habe ich jedenfalls nur noch ein müdes Lächeln übrig.

Diese Selbstsicherheit können Sie ebenfalls gewinnen. Sie kommt dadurch zustande, dass ich mich nach größeren, gelegentlichen „Ausrutschern" beim Essen nicht mehr wohl fühle.

Kleinere Genüsse genehmige ich mir zu jeder Gelegenheit. Sie sind hinsichtlich einer negativen Auswirkung für Ihre Gesundheit oder Ihr Gewicht bedeutungslos.

Sollte Ihnen jemand mit dem Argument kommen „Das ist normal, im Alter legt man immer einige Kilos zu", dann beziehen Sie am besten sofort klar Position; dies ist wichtig für Ihr Unterbewusstsein, damit Ihre Atome richtig gepolt bleiben.

Wie in den vorangegangen Kapiteln erwähnt, kommt es auch darauf an, dass Sie den Atomen in Ihrem Körper ganz bewusst positive Schwingungen verleihen.

Dies erreichen Sie auch dadurch, dass Sie sich Ihre Ziele ganz bewusst und bildlich vor Augen führen. Hier ein paar Beispiele, wie Sie Ihre Atome positiv aufladen.

Stellen Sie sich einfach vor, dass Ihr Blut in den Adern klar ist und frei und ungehindert, wie in einem kleinen sauberen Gebirgsbächlein durch die Adern fließt.

Schließen Sie am Abend, am besten vor dem Schlafengehen, die Augen und stellen Sie sich vor, wie Sie aussehen wollen. Warten Sie, bis Ihr Wunschbild kommt. Wie sollen Ihre Haare, Ihre Haut, Ihr Gesichtsausdruck und Ihre Figur aussehen?

Freuen Sie sich schon darauf, dass Ihre belastenden Kohlenstoff- und Stickstoffablagerungen bald aus Ihrem Körper verschwunden sein werden.

Holen Sie sich ein Bild heran, wie Sie fit, frisch, schlank, gesund und munter durchs Leben gehen.

Was aus den Aufzeichnungen noch nicht hervorgegangen ist, ist die energetische Betreuung durch meine Frau, Mag. Maria Voithofer – **www.gesund-munter.com**

Energetische Beratung ist zwar für den Erfolg dieser bewussten Ernährung nicht zwingend erforderlich, aber ihr Wissen und ihre Fähigkeiten in Bezug auf die Aktivierung der Lymphe, der Lymphbahnen und der Meridiane haben einen guten Beitrag zur Aktivierung meines Energiesystems geleistet und zu dem raschen Erfolg beigetragen.

Energiearbeit bedeutet, die Atome im Körper, die sich in permanenter Schwingung befinden, mit positiven Informationen aufzuladen.

Wer sich das nicht vorzustellen vermag, denke einfach daran, dass es vor 150 Jahren auch noch niemanden gab, der es für möglich hielt, dass man in ein Gerät hineinspricht (Telefon) und in 1.000 Kilometern Entfernung gehört wird.

Wenn Sie aber anerkennen, dass Ihr Körper aus Atomen besteht, die permanent in Bewegung sind, werden Sie es eines Tages auch erleben, dass es Energien und Kräfte in Ihrem Körper gibt, die Sie jetzt noch nicht für möglich halten.

Was mit Gedanken- und Vorstellungskraft möglich wird sehen Sie, wenn Sie die Story von Lance Armstrong lesen.

Der ehemalige amerikanische Radprofi gewann nach seiner Hodenkrebs-Operation (mit Metastasen im gesamten Körper und 3% Heilungschancen) noch 7 Mal die Tour de France, das schwerste Radrennen der Welt (Nachzulesen in Wikipedia).

Das funktioniert nur dann, wenn Sie mit starken Gedanken Ihre Atome richtig stimulieren. **Ihre Selbstheilungskräfte werden scheinbar Unmögliches möglich machen.**

Weitere Infos zum Thema gesund & munter mit Energiearbeit lesen Sie auch unter **www.gesund-munter.com**. Und was brauchen Sie nun, um beginnen zu können?

Nicht das Geringste!

Sehen Sie sich die Ernährungsbeispiele in Kapitel 12 an. Ich bin da nie nach Tagesspeiseplan vorgegangen; auch Sie können das nach Ihrem Bauchgefühl machen.

Es kommt nicht darauf an, dass Sie die 3, 4 und 16% täglich genau einhalten. **Sie kommen an Ihr Ziel, wenn Sie sich nur eine einzige Frage stellen:** „Will ich, dass meine Zellen im

Körper genug Wasserstoff & Sauerstoff bekommen, damit sie richtig funktionieren können?"

Wenn Sie das wollen, werden Sie mit großer Wahrscheinlichkeit in der Zukunft keine Medikamente mehr benötigen.

Noch etwas zum Nachdenken für Ihre Nahrungszusammenstellung, ohne dass ich Sie nun zum Vegetarierin/zum Vegetarier bekehren möchte; ich werde auch nie nur Salat und Gemüse essen.

Der Mensch gehört zur Gattung der Säugetiere. Was fressen die Säugetiere, wenn sie nicht zu den Raubtieren gehören?

Ja, richtig – Pflanzen und Früchte die in der Natur vorkommen!

Ob es sich nun um einen 4000 kg schweren Elefanten, eine 500 kg schwere Kuh oder unseren nächsten Verwandten handelt; sie leben damit gesund und munter, da sie ihren **Zellbaustein Stickstoff** nicht um ein Vielfaches überhöhen und ihre **Kohlenstoffbilanz** ebenfalls im Lot bleibt.

Kapitel 12

Die Ernährungsübersicht, mit der ich durchschlagenden Erfolg hatte.

Wie einfach es geht, wissen Sie nun!

Wenn dies nicht der Fall ist, empfehle ich Ihnen „Z**urück an den Start**". Legen Sie das Buch zur Seite und lassen Sie es ein paar Tage wirken.

Beim nochmaligen Lesen notieren Sie sich alle offenen Fragen und schreiben Sie mir ein Email.

Sollten dann noch immer Fragen offen bleiben, kann Ihnen weitere Lektüre helfen, die z.B. für den Umgang mit Blockaden o.ä. hilfreich ist. Mir hat das Buch **Quantenintelligenz von Medicus** sehr geholfen; darin lesen Sie, wie Sie Ihre Atome im Körper richtig stimulieren.

Wenn Sie sich die folgende Ernährungsübersicht durchlesen, werden Sie feststellen, dass grundsätzlich alle Nahrungsmittel erlaubt sind.

Intelligent essen und genießen und Sie können ebenso Schlemmertage einbauen, wie Sie sie in der folgenden Auflistung finden werden.

Gönnen Sie sich auch diese Tage, wenn Sie das Bedürfnis danach haben. Sie sind wichtig, damit Sie nie in Versuchung kommen zu denken, Sie müssten auf Vieles verzichten oder möglichst schnell abnehmen.

Es geht ausschließlich darum, innerhalb eines von Ihnen festzulegenden Zeitraumes, die Kohlenstoff- und Stickstoffablagerungen abzubauen, die Sie in vielen Jahren angelegt haben.

Streichen Sie das Wort Diät aus Ihrem Wortschatz und Sie haben schon halb gewonnen. Es liegt ausschließlich bei Ihnen, wie Sie sich in der Zukunft fühlen wollen.

Noch etwas sehr Wichtiges zum Schluss

Diese Ernährungsübersicht ist lediglich zur Orientierung gedacht. Essen Sie nichts, was Ihnen nicht schmeckt, nur weil es auf dieser Liste steht und stellen Sie sich die Lebensmittel nach Ihren Wünschen individuell zusammen.

Stellen Sie sich nur ein einziges Mal Ihre Einkaufsliste für Vitamine und Mineralstoffe zusammen und lassen Sie danach die Kalorien- oder Ernährungstabellen verschwinden.

„Essen Sie nicht nach Plan, sondern nach der Vorgabe der Zellen" - so werden Sie unabhängig und Ihre Intuition wird geschult.

Wenn Sie das Gefühl haben, dass Ihnen etwas fehlt, überlegen Sie beim Einkaufen kurz: „Was habe ich in der letzten Zeit gegessen?", oder „Was habe ich schon länger nicht mehr gegessen?", und „Welche Lebensmittel erhöhen meine Ablagerungen nicht?"

Sie werden im Lauf der Zeit immer besser und wählen genau das aus, was Ihre Zellen nicht verklebt.

Zum Thema Sport und Bewegung – beginnen Sie mit der Art von Bewegung, die Ihnen am Leichtesten fällt. Zwingen Sie sich niemals dazu, etwas zu machen, wonach Ihnen nicht ist.

Ich habe im ersten Monat nur wenig Bewegung gemacht, da ich mit 115 kg dazu gar nicht mehr in der Lage war.

Sie haben einen individuellen Organismus. Es kann bei ihnen 2 Wochen oder einen Monat dauern, bis es Sie in die Natur hinaus zieht. Der Zeitpunkt kommt ganz automatisch, wenn sich die Ablagerungen in Ihren Zellen langsam auflösen und Ihr Organismus wieder mehr Sauerstoff bekommt.

Wenn Sie übergewichtig sind, beginnen Sie damit, dass Sie schnell gehen und nach Ihren Möglichkeiten das Geh-Tempo Tag für Tag etwas erhöhen.

Erst wenn das Bedürfnis nach Laufen stärker wird, laufen Sie zwischendurch immer wieder einige kurze 50-Meter-Etappen. Traben Sie gemütlich dahin, damit Ihre Gelenke und die Wirbelsäule geschont werden.

Wenn Sie beim Lesen der folgenden Übersicht denken: „Ist ja kein Wunder, dass er abgenommen hat, wenn er täglich eine Stunde Sport macht" erinnern Sie sich, dass ich in den ersten Wochen nur 1 bis 2 Mal pro Woche Sport in einer gemütlichen Intensität gemacht habe, mit der ein Abnehmen nicht möglich gewesen wäre.

Die Lust auf mehr Bewegung ist wie von selbst, von innen heraus gekommen.

Denken Sie stets daran – Sie müssen nicht so wie ich, in 4 1/2 Monaten 20 Kilo abnehmen! Es geht ausschließlich darum, dass Sie die Ablagerungen in den Zellen, die Ihren Stoffwechsel blockieren, schrittweise abbauen.

Es wird auch klappen, wenn Sie nicht immer, aber immer öfter bewusst an die **Kohlenstoff- und Stickstoffbalance** denken.

Wenn Sie pro Monat nur 1,5 kg abbauen, ist das auch in Ordnung. Das sind in einem Jahr immerhin dann auch 18 Kilo.

Ernährungsübersicht vom 15. März bis 15. Mai

Tag	Ge-wicht	Was ich gegessen habe
13. 01.	115,00	Wie bereits angeführt, wurden die Ernährungsaufzeichnungen erst begonnen, als die Idee zu diesem Buch entstanden ist. **Am Ende dieser Tagesübersicht** sehen Sie eine Liste, mit den von mir bevorzugten Lebensmitteln.
24. 01.	113,40	
30. 01.	111,60	
04. 02.	110,70	Aus dieser Liste habe ich meine tägliche Ernährung nach Lust und Laune zusammen gestellt und darauf geachtet, dass Kohlehydrate und tierische Eiweiße in der Balance von **3.4.16**% bleiben und meine Zellen nicht ersticken können **(Daumen mal Pi-Methode)** Damit war für mich eine Gewichtsreduzierung von mehr als 20 kg möglich.
05. 02.	110,40	
07. 02.	109,85	
12. 02.	109,50	
13. 02.	109,10	
14. 02.	108,90	Möchten Sie weitere Ernährungsübersichten sehen besuchen Sie bitte ab Oktober die Seite Übersicht auf unserer Homepage
01. 03.	106,75	**www.abnehmen-1a.at/uebersicht.html**
15. 03.	104,60	**Frühstück:** Kaffee, Wasser, 1 Apfel, 30 g Gojibeeren **Mittag:** Karotten, Kartoffel, Zwiebel gedünstet, 2 Spiegeleier Nachmittag (16 Uhr): 50 g Essener Brot mit Bio Mango-Chili-Aufstrich, 1 Orange **Abend:** 21 Uhr - 1 Handvoll Cashew Nüsse, 1 große Bio-Dattel, 1 Birne **Sport:** 50 Min. schnelle Runde gehen
16. 03.	105,00	**Frühstück:** 1 Essenerbrot mit Basilikum Aufstrich, 3 Scheiben Tofu, Kaffee **Mittag:** 1 Paar Frankfurter mit Kürbisgemüse, **Nachmittag:** große Portion Radi-Salat mit 2 Scheiben Essenerbrot, 1 Magenbitter **Abend:** 1 Handvoll Cashew Nüsse, 1/8 l Rotwein, 1 Stück 60 g Hartkäse **Sport:** 1 Std. Radfahren

17. 03.	104,40	**Frühstück:** 2 Äpfel, Kaffee, Wasser **Mittag:** 6 Falafel-Laibchen (150 G Falafel-Mischung für 2 Personen, [Kichererbsen- und Dinkelvollkornmehl, Gewürze]), reichlich Gurken-Chinakohl-Salat, ca. 70 g Tofu würfelig geschnitten, Kaffee **Nachmittag:** 1 Birne, 1 Kiwi, 1 Apfel, ½ Banane, 1 Rippe 85% Schokolade, 1 L Wasser, 1 Stk. Essenerbrot ca. 50 g mit Tomaten-Basilikum Aufstrich **Abend:** 2 Scheiben Essenerbrot ca. 100 G mit Tomaten-Basilikum Aufstrich, 1 Stk. 40 g Camembert, 1 Birne, ½ Banane, Cashew Nüsse ca. 80 g 1/8 l Rotwein **Sport:** 1 ¼ Std. Radfahren Salzburg-Gasthof Daxlueg
18. 03.	105,20	**Frühstück:** 1 Apfel, 1 Kiwi, 500 g Joghurt, Kaffee, Wasser, 1 Scheibe Essenerbrot mit Camembert **Mittag:** reichlich Rotkraut mit Viana pflanzliches Hacksteak (Weizeneiweis, Sojaeiweis, Tofu) **Nachmittag:** 1 Orange, 1 Apfel **Abend:** Broccoli-Zucchini-Gemüse mit Magerjoghurt-Sauce, 1/8 l Rotwein, 1 kl. Stk. frisch gebackenen Essenerbrot mit Bio-Kräuteraufstrich **Sport:** Bauchmuskelübungen, Hantelübungen, 1 ½ Std. schneller Spaziergang
19. 03.	104,50	**Frühstück:** Gojibeeren ca. 30 g, 2 Orangen, 2 Kiwis, 1 Avocado, 1 kl. Stück Essenerbrot, 1 Banane, Kaffee, Wasser **Mittag:** Pilztortellinis mit viel Gemüse **Nachmittag:** 1 Apfel, 6 Kokosbusserl bestehend aus geschlagenem Eiklar, Kokosflocken, geriebenen Haselnüssen, gesüßt mit Stevia (kein Zucker, kein Fett) **Abend:** Broccoli vom Vortag, kl. Rest Tortellini von Mittag, 1 Essenerbrot 100 g und ca. 60 g Käse, 1/8 l Wein, 2 Esslöffel Cashew Nüsse **Sport:** Fitnessstudio, 50 Minuten Geräte, 45 Min. Radfahren, 1,5 l Wasser

20. 03.	103,95	**Frühstück:** 3 Kaffee, 1 l Wasser, 1 Kiwi, 1 Banane, 1 Apfel, 1 roter Paprika, Gojibeeren **Mittag:** 300 g Leberkäse vom Bioladen, 2 gedämpfte Kartoffeln, reichlich Chinakohlsalat, 1 Handvoll Oliven, Senf ohne Zucker, span. Erdbeeren als Nachspeise **Nachmittag:** restl. Salat von Mittag, 1 Kartoffel **Abend:** Kohlsprossen mit Kartoffel und Tofu, 1/8 l Wein, 1 kl. Stk. Käse ca. 50 g, 1 Handvoll Cashew Nüsse **Sport:** 1 Std. 20 Min. schneller Spaziergang
21. 03.	104,20	**Frühstück:** Kaffee, Wasser, 1 Kiwi, 1 Avocado, 1 kl. Stk. Leberkäse, ca. 100 g und 1 kl. Stk. Essenerbrot ca. 50 g **Mittag:** 1 roter Paprika, ½ Mozzarella ca. 70 G, Gemüseeintopf bestehend aus 40 G braune Linsen, frische Champions, knackige Karottenstreifen, Zwiebeln, Gewürze **Nachmittag:** 1 Kiwi, 1 geräuchertes Forellenfilet Natur 125 g **Abend:** Gasthaus - 1 großer, gemischter Salatteller mit paniertem Putenfleisch, 1 Apfelsaft gespritzt, 1/8 Rotwein **Sport:** 50 Min. schneller Spaziergang
22. 03.	104,40	**Frühstück:** 1 Kiwi, ½ Avocado, 1 Orange, 1 L Sauerstoffwasser, Kaffee, Wasser **Mittag:** Blaukraut mit Äpfel gedünstet und ca. 100 G Leberkäse hinein geschnitten, dazu Karotten, Fenchel und Kartoffel gedämpft **Nachmittag:** 0,5 l Joghurt mit Tiefkühl-Waldbeerenmix **Abend:** 1 Essenerbrot mit Bio-Aufstrich, 1 Handvoll Cashew Nüsse, 1/8 l Rotwein **Sport:** 1 Std. 15 Min., mit Mountainbike zum Gasthof Daxlueg und durch den Wald wieder herunter gefahren
23. 03.	103,90	**Frühstück:** ½ Avocado, ½ Banane, einen Kaffeelöf-

		fel Gojibeeren, Kaffee, 0,5 l Sauerstoffwasser, ca. 40 g bulgarischer Schafkäse und ca. 30 g Essenerbrot **Mittag:** Gemüsepfanne (Karotten, Broccoli, Blumenkohl, Karotten, frische Pilze) mit Schafskäse **Nachmittag:** 1 Apfel, Kaffee mit Bio-Heumilch 1%, Sauerstoffwasser **Abend:** 1 Mozzarella, 125 g, 100 g Essenerbrot, biologischer Aufstrich, ca. 70 g Hartkäse, 1/8 l Rotwein **Sport:** 1 Std. 15 Min. schneller Spaziergang
24. 03.	103,50	**Frühstück:** Kaffee, 1 l Sauerstoffwasser, 1 Avocado, 1 Orange, 1 Kiwi **Mittag:** keinen Hunger – 15 Uhr, 1 Apfel **Nachmittag:** 16 Uhr, Seelachs gebraten, Paprikagemüse, Kaffee **Abend:** 1 ½ Schnitten Dinkelbrot, Bio-Kräuteraufstrich, 120 g Bio-Schafskäse weich, 100 g Tofu, Gojibeeren, 2/8 Rotwein **Sport:** 30 Min. Bauchmuskelübungen, Fitnessstudio, 1 Std. Gerätetraining, 45 Min. Radfahren und anschließend Sauna
25. 03.	103,10	**Frühstück:** 3 Kaffee, 1 l Wasser, Gojibeeren, 1 Orange, 1 Kiwi **Mittag:** 2 Scheiben Dinkel-Vollkornbrot mit Tomaten-Basilikum-Aufstrich **Nachmittag:** Acidophilus Milch mit Flohsamenschalen, ca. 80 g geräucherter Tofu ohne Brot **Abend:** McDonalds, 1 Wrap mit Putenfleisch **Sport:** 1 ¼ Std. mit Mountainbike zum Gasthof Daxlueg, 1 Std. Spazieren in der Stadt
26. 03.	103,60	**Frühstück:** Kaffee, Wasser, 1 Kiwi, 1 Orange, Acidophilus Milch mit Flohsamenschalen, 1/8 l Aroniasaft, 1 l Wasser **Mittag:** 2 Bio-Spinatlaibchen und Karotten-Zucchini-Gemüse, ½ Avocado **Nachmittag:** 1 Orange, 0,5 l Sauerstoffwasse

		Abend: 2 Rollmöpse, 1 Schnitte Dinkelvollkornbrot mit Bio-Tomaten-Basilikum- Streichkäse, 2 Dattel, ca. 70 g Tofu, 1 2cl Gin, 1/8 l Rotwein, 4 mittelgroße, frisch gedämpfte Kartoffeln mit Steinsalz **Sport:** 45 min. Spaziergang
27. 03.	103,50	**Frühstück:** Kaffee, Wasser, 1 Orange, ½ Avocado, 1 gedämpfte Kartoffel **Mittag:** 0,5 l Sauerstoffwasser, 1 Salatteller mit gebratenen Putenstreifen, **Nachmittag:** Chinakohl Salat mit Paprika, 1 Orange **Abend:** nach dem Training - 1 große Portion Spaghetti mit Sugo Arrabiata und Gemüse, 1/8 l Wein, 2 Rippen 80% Schokolade, ca. 30 g **Sport:** Fitnessstudio (Gerätetraining, Radfahren 6 Sauna)
28. 03.	103,10	**Frühstück:** Kaffee, Wasser, 1 Kiwi, 1 Orange, 1 Avocado **Mittag:** gedämpfte Kohlsprossen mit 1 Spiegelei, **Nachmittag:** 1 Essenerbrot mit Chili-Bohnen Streichkäse, 100 G geräucherter Tofu **Abend:** 2 Bio-Kräuterwürstchen mit Spargel u. Joghurtsauce, 2 Rippen Schokolade, 85% **Sport:** kein Sport
29. 03.	102,90	**Frühstück:** Kaffee, Wasser, ½ Avocado, 1 Apfel, 1 Orange, 1 Kiwi **Mittag:** ½ Pizza Quattro-Stagioni, Chinakohlsalat, **Nachmittag:** **Abend:** Karottensuppe mit Zwiebel, Knoblauch und Kräutern, 1 Tofu 80 g, 3 Knäckebrot mit Chili-Bohnen-Aufstrich, 1/8 l Wein **Sport:** 1 Std. schneller Spaziergang
30. 03.	102,80	**Frühstück:** Kaffee, Wasser, ½ Avocado, 1 Apfel, 2 Knäcke mit Chili-Bohnen-Aufstrich **Mittag:** Kürbisnockerl aus Kartoffelteig mit Staudensellerie-Gemüse, Sauerrahm, Zitrone, Curry & Gewürze, 1 gebratener Kräutersaitling (Pilz) **Nachmittag:** 1 Apfel, 1 Orange

		Abend: Tomaten-Mozzarella, kl. Portion grüner Spargel, 3 knackig gedämpfte Karotten, 1 ½ Achterl Rotwein, 1 Rippe 85% Schokolade **Sport:** 45 Min. schneller Spaziergang
31. 03.	102,70	**Frühstück:** 1 Apfel, Kaffee, Wasser, ½ Avocado, 1 Käsekornspitz mit Salat und Gurkenscheiben **Mittag:** 1 Salat mit gebratenen Putenfleisch, 2 Mineralwasser, 1 Kaffee **Nachmittag:** 1 Portion Topfenschmarrn, 1 Kugel Eis, 1 Orange **Abend:** 1 Letscho mit Paprika, Zwiebeln, Champions, ca. 80 g Butterkäse, ½ Weichbrotbreze **Sport:** 1 Std. 15 Min. schneller Spaziergang
01. 04.	102,55	**Frühstück:** 1 Apfel, Kaffee, ½ l Sauerstoffwasser, 1 kl. Glas Aroniasaft, ca. 150ml Acidophilus Milch, ½ Sojajoghurt (kl), Flohsamenschalen, 1 Apfel **Mittag:** Laschensky – 1 Champion-Omelette, 1 g gemischter Salat, ½ Apfelsaft-gespritzt (4 Esslöffel Bärlauchnockerl) **Nachmittag:** Himbeeren mit Joghurt **Abend, 20 Uhr:** Lachs gedünstet, Mischgemüse mit Rahmsauce, **Abends um 22 Uhr:** 1 Dinkelbrotschnitte mit Bio-Streichkäse, 1 ½ Achterl Rotwein **Sport:** 2 Std. schneller Spaziergang
02. 04.	102,35	**Frühstück:** 1 Apfel, 3 Kaffee mit Magermilch, ½ l Sauerstoffwasser, 2 Äpfel **Mittag:** Sauerkraut und Salzkartoffeln mit Steinsalz **Nachmittag:** 1 Bio-Vollkorn-Kürbiskernweckerl mit Käse und Salat **Abend:** Sauerkraut, 1 Kärntner Bärlauchnudel, 125 G gewürzte Nussmischung, 1/8 l Rotwein, 1 Rippe 85% Schokolade **Sport:** Fitnessstudio, 45 Minuten Gerätetraining, 30 Min. Radfahren, Sauna
03. 04.	102,05	**Frühstück:** 3 Orangen, 1 Banane, Kaffee, ½ l Kräutertee

		Mittag: frisch gedämpfte rote Rüben-Salat mit Zwiebel und 2 gebratene Putenwürstel
		Nachmittag: weicher Ziegenkäse mit Knäckebrot, 1 Stk 85% Schokolade
		Abend: Schafkäse-Salat-m-Gurken-Oliven, 2 Knäckebrot mit Kräuteraufstrich, 1 ½ Achterl Rotwein, 2 Handvoll Nüsse
		Sport: 1 Std. 15 Min. schnelles gehen, 1 Sauerstoffwasser
04. 04.	102,05	**Frühstück:** ½ Avocado, 2 Orangen, 1 Banane, 1 Sauerstoffwasser, Kaffee, Wasser
		Mittag: Vollkornspaghetti mit vegetarisches Bio Sugo und frisch geschnittene Champions, 1 Schüssel Blattsalat mit grünen u. roten Paprika und frisch gekeimten Mungobohnen
		Nachmittag: 1 Vollkornteig-Osterhasen, ca. 100 g, 1 l Wasser
		Abend: restl. Spaghetti v. Mittag, ca. 100 G geräucherter Tofu, 1 Stk Schokolade
		Sport: mit Mountainbike zum Gasthof Daxlueg gefahren (1,5 Std.)
		Auf den Tag verteilt: ½ l Blütentee zur Entsäuerung
05. 04.	102,10	**Frühstück:** 1 Avocado m. Steinsalz, 1 Banane, 2 Orange, 3 Kaffee mit Magermilch, 1 l Wasser
		Mittag: Gemüseplatte mit geräucherten Tofu, Kaffee
		Nachmittag: 1 Apfel, 1 Orange, Kaffee (reichlich), 2 Ostereier
		Abend: 1 Gemüse von Mittag, Putensülze, 2 Scheiben Ziegenkäse, 2 Knäckebrot, 1/8 l Rotwein, 1 kl. Glas mit Cashew Nüssen, 1 Handvoll Erdnüsse, 1 Rippe 85% Schokolade
		Sport: 1 ¼ Std. schneller Spaziergang
06. 04.	102,30	**Frühstück:** 2 Orangen, 1 Apfel, 1 Kiwi, 1 Banane, Kaffee, ½ L Kräutertee
		Mittag: 1 Rohkost-Kohlrabi, Curry-Karotten mit

		Bio-Hirse, 2 Weißwürste, **Nachmittag:** Kaffee, 3 Kokosbusserl mit Stevia gesüßt, 1 Orange **Abend:** ca. 120 g Tsatsiki, 2 Knäckebrote, 3 gedämpfte Karotten, Gewürze, 1/8 l Rotwein & Erdnüsse (2 Handvoll) beim Fernsehen, 1 Ohr vom Osterschokohasen **Sport:** Bauchmuskelübungen während des Fernsehens und Hantelübungen
07. 04.	102,30	**Frühstück:** ½ Avocado, Kaffee, Wasser **Mittag:** 2 Kartoffelknödel, gebratene Tofuwürfel mit Zwiebel, Paprika u. Knoblauch, Chinakohlsalat, ½ l Sauerstoffwasser, 1 Kaffee schwarz **Nachmittag:** 1 Apfel, 1 Kiwi, 1 Orange, 1 Banane, Kaffee **Abend:** 1 gekochtes Ei, 300 g Gemüsesulze, ½ Gurke mit ca. 100 g Tsatsiki, 1 Sauerstoffwasser, ca. 40 g Erdnüsse **Sport:** 1 ¼ Std. schnelles gehen
08. 04.	101,85	**Frühstück:** 1 Vollweizen-Osterhase, 1 Osterei, 1 Apfel, 1 Kiwi, Kaffee, ½ L Sauerstoffwasser, **Mittag:** kein Hunger, wurde ausgelassen **Nachmittag:** 1 kl. Eiweißriegel, 1 l Apfelsaft gespritzt **Abend:** (17 Uhr) Bärlauchnudel, Eisbergsalat mit Zwiebel, ca. 80 g geräucherter Wildlachs, 1 halber, roher Kohlrabi, ½ L Kräutertee, 1 Kaffee, 1/8 l Rotwein, 50 g geräucherter Tofu, 1 Handvoll Erdnüsse, ca. 30 g, 2 Scheiben Ziegenkäse, 1 Orange, 1 Stk. Schokolade **Sport:** Fitnessstudio, 45 Min. Gerätetraining, 45 Min. Radfahren & Sauna
09. 04.	100,95	**Frühstück:** 1 Orange, ½ Avocado, Kaffee, Sauerstoffwasser **Mittag:** Gasthaus - 1 Salatteller mit gebratenem Putenfleisch und gebratenen Speckstreifen (ganz bewusst gegessen, obwohl ich in der Regel, das

		ganze Jahr keinen Speck esse), ½ l Apfelsaft gespritzt, 2 Karamell-Kekse zum Kaffee, 3 Schokobonbons **Nachmittag:** 1 Dinkel-Germteig Osterhase, Kaffee, 1 Orange **Abend:** 3 Kartoffelknödel mit Blattspinat, **Sport:** gemütlicher 45 Min. Spaziergang, Bauchmuskelübungen beim Fernsehen am Abend
10. 04.	101,10	**Frühstück:** 1 Orange, 1 Apfel, 1 kl. Portion Müsli, Kaffee ohne Milch, ½ l Sauerstoffwasser mit Aroniasaft **Mittag:** 3 Kartoffelknödel und Gemüsepfanne, Kaffee mit Magermilch, **Nachmittag:** 1 Apfel, Das Ohr eines kl. Schoko-Osterhasen, 1 Mozzarella, 125 g, 1 Knäckebrot **Abend:** 150 g Leberkäse, 3 gedampfte Zwiebeln & 3 Karotten, in Butter geschwenkte Gnocchi, Erdnüsse, ca. 50 g, 1/8 l Rotwein, Wasser **Sport:** 1 Std. Intervall - schnelles gehen & langsames laufen
11. 04.	101,40	**Frühstück:** Kaffee, ½ l Sauerstoffwasser, 1 Orange, 1 Apfel **Mittag:** Alaska Seelachs mit großer Portion buntem Rostgemüse **Nachmittag:** 1 Germteig-Osterhase, Kaffee, 1 Apfel **Abend:** gedämpfte Kartoffeln, Steinsalz, Kräuteraufstrich **Sport:** 40 Min. schnelles gehen im Regen, 300 Bauchmuskelübungen beim Fernsehen, 1 halbes Glas Rotwein, ca. 15 g Schokolade, restl. Osterhase vom Vortag
12. 04.	100,90	**Frühstück:** 1 Orange, 1 Apfel, 3 Esslöffel Müsli, Kaffee, Wasser **Mittag:** Bratkartoffel, Sauerkraut & Gnocchis, Kaffee **Nachmittag:** 2 Äpfel, ½ Avocado, ½ l Sauerstoffwasser, Kaffee

		Abend: 1 Portion Spaghetti mit vegetarischen Sugo und geraspelten Karotten verfeinert, 1 Karotte extra geknappert, 1 Stk. Schokolade 85%, Kaffee, ½ l Kräutertee **Sport:** kein Sport
13. 04.	101,20	**Frühstück:** 500 g Joghurt mit Flohsamenschalen, ½ Avocado, 1 Apfel, Kaffee, ½ l Sauerstoffwasser **Mittag:** 1 Omelette, bestehend aus frisch gekeimten Mungobohnen, Zwiebel, Kräuter, Gewürzen und 2 Eier, **Nachmittag:** 2 Äpfel, ca. 80 g Mozzarella **Abend:** 1 frisch gebackenes Zwiebel-Essenerbrot, vegetarischer Aufstrich und ca. 100 g Käse, 1 roter Paprika, 1 Kaffee, 1 kl. Oster-Schokohase ca. 30 g, 1 Handvoll Nussmischung **Sport:** 45 Min. Intervall-gehen-laufen, 60 Min. Radfahren im Studio, Sauna, 1 l Wasser
14. 04.	100,45	**Frühstück:** 1 Orange, 1 Avocado, Kaffee, Wasser **Mittag:** 1 Gurke in Streifen geschnitten mit Kräutersalt, italienische Röhrennudeln mit Kräuter und Gewürze, Sugo Arrabiata u. 1 Scheibe Ziegenkäse, dazu 2 Karotten geknappert, 1 kl. Stk. Schokolade ca. 50 g **Nachmittag:** 1 Mozzarella 125 g, 1 Essenerbrot, 3 Kaffee, 1 l Wasser **Abend:** 1 Cottage Cheese, 1 kl. Ziegenmilch Joghurt, 1 Handvoll Nussmischung **Sport:** 1 Std. schnelles gehen, Bauchmuskelübungen am Abend
15. 04.	100,75	**Frühstück:** 1 Avocado, 1 Kiwi, Kaffee, Sauerstoffwasser **Mittag:** Hab' Lust auf Rohkost, Kohlrabi, Karotten, Radieschen, Paprika, 1 Sardine **Nachmittag:** 2 Orangen, 1 großes Joghurt mit Flohsamenschalen **Abend**: Seelachsfilet gedünstet und Gemüsepfanne, Kaffe Wasser

		Sport: kein Sport
16. 04.	100,90	**Frühstück:** ½ Avocado, Kaffee, Sauerstoffwasser; keinen weiteren Hunger **Mittag:** Salatschüssel, bestehend aus Radieschen, Gurken, Karotten, Ziegenkäse, Sonnenblumenkerne, Cashew Nüsse und frisch gekeimten Alfalfa Sprossen, Knoblauch & Gewürze **Nachmittag:** 1 Orange, 1 Apfel, ½ l Blütentee **Abend**: 3 Falafel Laibchen (Dinkelvollkornmehr, Kichererbsenmehl) mit frischen Bärlauch, Karotten, Radieschen, Kaffee **Sport:** 45 Min. schnelles gehen
17. 04.	100,05	**Frühstück:** 1 Kiwi, ½ Avocado, Kaffee, Wasser **Mittag:** Gemüsepfanne und Fisch, gedünstet **Nachmittag:** Himbeeren und 1 Joghurt, 1 Apfel, 1 Orange **Abend:** 150 g geräucherter Tofu, Essenerbrot, 1 Handvoll Cashew-Nüsse **Sport:** 1 ¼ Std. schnelles Gehen
18. 04.	100,10	**Frühstück:** 1 Kiwi, 1 Orange, 1/8 l Aroniasaft, Kaffee, Sauerstoffwasser **Mittag:** Kürbisgemüse mit Curry, Zwiebeln und Nüssen, Salat aus frisch gedämpften roten Rüben mit Zwiebeln **Nachmittag:** 1 Apfel, Wasser, Kaffee **Abend:** 100 g geräucherte Bio-Tofu, restl. Kürbisgemüse vom Mittagessen, 2 Handvoll Cashew Nüsse, 1/8 l Rotwein, **Sport:** 1 Std. schnelles Gehen
19. 04.	100,20	**Frühstück:** 1 Orange, 1 Apfel, Kaffee, Wasser mit Aroniasaft **Mittag:** 1 Dinkelgries-Auflauf mit Topfen (Quark), Rosinen und Nüssen **Nachmittag:** ½ Avocado, ca. 150 g Leberkäse, 1 Stk. Vollkornbrot, 1 L Wasser **Abend:** 1 g Salatteller, mit frisch gedämpften Kar-

		toffel und Bio-Curry Aufstrich, ca. 50 g geräucherter Tofu, ca. 50 g Cashew Nüsse, ein halbes Glas Rotwein **Sport:** Bauchmuskelübungen beim Fernsehen (Matte, Fussboden)
20. 04.	99,90	**Frühstück:** 1 Kiwi, 1 Avocado, Kaffee, ½ l Sauerstoffwasser, 1 Apfel **Mittag:** Kürbisgemüse mit Karotten, gemischter Eissalat mit Bärlauch, Schnittlauch, Steinpilze und Zwiebel, Wasser, Kaffee **Nachmittag:** 1 Apfel, 1 kl. Ziegenmilchjoghurt **Abend:** 1 Vollkornbrot mit geräucherten Tofu, 1 weitere Avocado, 1 Orange, ca. 50 g Cashew Nüsse **Sport:** kein Sport
21. 04.	100,00	**Frühstück:** ½ Avocado, Kaffee, ½ l Sauerstoffwasser **Mittag:** 1 Letscho mit Brot, 1/3 einer Ananas, Kaffee, Wasser **Nachmittag:** Ananas, 1 Apfel, 1 Orange, 1 kl. Salat mit Putenfleisch (McD) **Abend:** Ananas, gedünsteter Fisch mit Zucchini, ca. 50 g Cashew Nüsse, 1 Rotwein, 1 l Mineralwasser **Sport:** Rasen mähen, 1 Std. Radfahren Salzburg-Eugendorf
22. 04.	99,60	**Frühstück:** 1 Avocado, 1 Apfel, Kaffee, Wasser **Mittag:** ½ Pizza belegt mit Artischocken, Zwiebel, Spinat und reichlich Schafkäse (voll satt), 1 großer Kaffee mit Ziegenmilch, 1 Stk. Schokolade **Nachmittag:** 1 Orange, 1 Apfel, 1 Joghurt mit Himbeeren **Abend:** bunte Gemüseplatte mit Käse und Ei, 1 Rotwein, Cashew Nüsse **Sport:** 1 Std. gemütlicher Spaziergang durch Salzburg
23. 04.	99,30	**Frühstück:** 1 Kiwi, ½ Avocado, Kaffee, ½ l Sauerstoffwasser **Mittag:** ½ Avocado, 1 Mozzarella (125 g) mit Voll-

		kornbrot, 3 Radieschen, 1 Orange, Kaffee, Wasser, ein paar Firn-Bonbons **Nachmittag:** 1 Orange, Kaffee, ½ L Kräutertee **Abend:** 1 kl. Portion Tortellini mit Basilikum-Sugo, 3 Karotten, ca. 100 g Schafskäse weich, 1 Schnitte Vollkornbrot, 1 Orange, 1 Glas Rotwein, 1 Rippe 85% Schokolade, ca. 60 g Nüsse **Sport:** 1 Std. 15 Min. schnelles Gehen
24. 04.	99,25	**Frühstück:** ½ Avocado, 1 Kiwi, 1 Hirse-Buchweizenmüsli mit Mandeln, 1 Apfel, Kaffee, ½ l Sauerstoffwasser plus 1 l Leitungswasser **Mittag:** 1 Orange, Falafel Laibchen mit Bierrettich und Kokosmilch und Salat **Nachmittag:** 1 Orange, 1 Stück Schokolade 85%, Karottensalat **Abend:** 1 gedämpfter Fenchel, 2 große Kartoffeln, ca. 50 g Ziegenkäse, 1 l Wasser, 1 Glas Aroniasaft, 1 Orange **Sport:** kein Sport
25. 04.	99,20	**Frühstück:** Kaffee, ½ Sauerstoffwasser, 1 Apfel **Mittag:** 1 Karotte, 1 Avocado, 1 gedämpfte Kartoffel mit Steinsalz, ½ l 49 Kräuter Basentee, **Nachmittag:** 1 Apfel, 1 Orange, 1 Kiwi, Wasser **Abend:** gebratener Tofu mit frischen Champions, Zwiebeln und Gewürzen, Blattsalate, 1 l Leitungswasser, eine kleine Hand voll Mandeln zum Knabbern, 1 Rotwein, ca. 30 g Ziegenkäse **Sport:** Bauchmuskelübungen bei Real Madrid & Bayern München
26. 04.	99,15	**Frühstück:** Kaffee, Sauerstoffwasser, 1 Orange **Mittag:** Bärlauchnudel mit Rahmsauce, 1 Mineralwasser **Nachmittag:** 1 Orange, 1 l Kräutertee, 1 Rippe Schokolade 85% **Abend:** gedämpfter Blumenkohl mit Bio-Streichkäse, 1 kl. Portion Topfenauflauf **Sport:** Hanteltraining und Bauchmuskelübungen

27. 04.	98,75	**Frühstück:** 1½ Avocados, Kaffee, 1 Apfel, 1 Orange, ½ l Kräutertee **Mittag:** Vogerlsalatplatte mit frischen Champions, Tofu, Zwiebel & Kräutern **Nachmittag:** 1 Scheibe Vollkornbrot mit vegetarischem Aufstrich, 1 l Leitungswasser, 1 großer Apfel **Abend:** 1 Port. Ital. Nudeln mit Sugo, 1 Orange, Nüsse, 1 Glas Rotwein, 1 Schokoladen-Rippe **Sport:** 1 Std. Radfahren
28. 04.	98,75	**Frühstück:** 1 Paprika, Kaffee, 1 Sauerstoffwasser **Mittag:** 1 Salatteller mit Putenstreifen, ½ l Apfelsaft gespritzt **Nachmittag:** Kaffee, 1 Apfel, 1 Orange, 1 Sauerstoffwasser **Abend:** 1 Gemüseplatte, 3 kl. Stück einer Pizza, Nüsse, 1/8 l Rotwein, 1 Orange, 1 l Kräutertee, ca. 30 G 85% Schokolade **Sport: kein Sport**
29. 04.	98,80	**Frühstück:** ½ Avocado, 3 Kaffee, 1 l Wasser (keinen Hunger) **Mittag:** Lasagne, viel Salat, Wasser, g Port. Tiramisu, Kaffee **Nachmittag:** Kaffee, Tiramisu, Wasser **Abend:** 3 Knäckebrot mit Kräuteraufstrich, 1 g Gurke in Streifen mit Steinsalz **Sport:** 1 Std. Radfahren
30. 04.	98,50	**Frühstück:** 1 Apfel, 1 kl. Glas Karottensaft, Kaffee, Wasser **Mittag:** gedämpfte Karotten und Kartoffeln, 2 Spiegeleier mit Champions und vielen Kräutern, Gurken & Tomatensalat, Kaffee, Wasser **Nachmittag:** 1 Apfel, 1 Avocado, 1 l Leitungswasser **Abend:** 1 Thunfischsalat, ½ Kohlrabi, 1 Kaffee, 0,5 l Sauerstoffwasser, 1 kl. Glas Aroniasaft, 1 Handvoll Mandeln, 1 Glas Rotwein **Sport:** 1 Std. Bergfahrt m Mountainbike, Bauchmuskelübungen beim Fernsehen

1.5.	98,40	**Frühstück:** Kaffee schwarz, Wasser, 1 Apfel, ½ Avocado **Mittag:** ½ Grillhendl, Mischgemüse mit gedämpften Kartoffeln, lecker gewürzt, Kaffee schwarz, Wasser **Nachmittag:** ½ l Eiweißshake mit Wasser angerichtet, 1 Apfel, 1 Glas Aroniasaft, 1 Apfel, Kaffee schwarz **Abend:** Gemüsepfanne mit frischen Champion, Zwiebeln, Kartoffeln, Paprika, 1 Knäckebrot mit Bio-Kräuteraufstrich, danach, 1/8 l Rotwein und Mandeln zum Knabbern, 1 Stk. 85% Schokolade **Sport:** 1 Std. Intervall gehen/laufen
2.5.	98,70	**Frühstück:** Kaffee schwarz, Wasser, ½ Avocado, 1 Kiwi **Mittag:** 2 Kartoffel-Bärlauchlaibchen mit Joghurt-Radieschen-Sauce, Vogerlsalat, ½ l kalter Kräutertee, Kaffee mit Milch **Nachmittag:** 1 Essenerbrot mit Bio-Kräuter Aufstrich, 1 Orange, 1 Apfel, Wasser, Kaffee **Abend:** 100 G geräucherter Tofu, 1 große Gurke in Streifen geschnitten, **Sport:** 1 Std. Intervall gehen/langsames laufen
3.5.	98,30	**Frühstück:** Kaffee, Wasser, ½ Avocado, 1 großes Joghurt mit Flohsamenschalen, ½ l kalter Kräutertee, 1 Apfel **Mittag:** 1 riesige Portion Kartoffelgröstl mit Zwiebeln, viel Kräuter und Gewürze, 5 gedämpfte Karotten, Kaffee, Wasser **Nachmittag:** 1 Apfel, 1 Orange, 1 l Leitungswasser **Abend:** 1 Apfel, 1 Mozzarella 120 g, 1 Reiswaffel, Kaffee, Wasser **Sport:** 1 Std. Intervall gehen/langsames laufen
4.5.	98,00	**Frühstück:** 2 Kaffee mit Ziegenmilch, 1 Apfel, 1 Orange, ½ l Sauerstoffwasser **Mittag:** 150 g heißer Leberkäse, 100 G Putenschinken, 2 Knäckebrot, gedämpfter Brokkoli, Wasser,

		Kaffee **Nachmittag:** 1 Banane, 1 Müsliriegel vom Bäcker, 1 l Wasser, Kaffee **Abend:** Kraut-Kartoffel-Zwiebel-Karotten-Suppe (Eigenkreation, gewürzt mit Curry, scharfen Paprika, Kümmel, Salz, Knoblauch usw.) **Sport:** 45 Min. schnelles Radfahren
5.5.	98,00	**Frühstück:** ½ Avocado, 1 Apfel, Kaffee, Wasser **Mittag:** Kraut-Kartoffel-Zwiebel-Karotten-Suppe, Kaffee, Wasser **Nachmittag:** 1 Orange, 1 Banane, 1 L Wasser mit einem Schuss Apfelsaft **Abend:** 250 g geräucherter Tofu, Krautsuppe, 1 ½ l Wasser **Sport:** Fitnessstudio, Gerätetraining u. 1 Std. Radfahren, Hanteltraining zu Hause
6.5.	98,40	**Frühstück:** 1 Orange, 1 Kiwi, Acidophilus Mich (ca. 200ml) mit Flohsamenschalen, Kaffee, 1 l Wasser **Mittag:** Krautsuppe, 1 Banane, Apfel, Kaffee, Wasser **Nachmittag:** 1 Salatteller mit Putenstreifen, Wasser, Kaffee **Abend:** 1 kl. Bier, 1 Essenerbrot mit Kräuteraufstrich, geräucherter Tofu (40 g) **Sport:** 45 Minuten schneller Gang
7.5.	97,90	**Frühstück:** Kaffee, Wasser, 1 Banane, 1 Apfel, 1 Kiwi **Mittag:** roter Rübensalat mit Zwiebeln (aus frisch gedämpften Rüben), 2 Bratwürste (Tofu-Kräuterknacker) **Nachmittag:** 1 Apfel, 1 Kaffee, 1 Avocado **Abend:** Zucchini Hälften mit Knoblauch-Kräutersauce im Backrohr gegart und mit Käseraspeln bestreut, 1 Orange, 1/8 l Rotwein, 1 Handvoll Mandeln, 1 Birne **Sport:** kein Sport
8.5.	97,60	**Frühstück:** Kaffee, ½ l Kräutertee, 1 Kiwi, ½ Avoca-

		do **Mittag:** 1 g Salatteller mit knackigen Blattsalaten, Gurken, Tomaten, Mais, Karottenstreifen, Schafskäse, Pizzabrot und leckerer, fettiger Sauce, gespritzter Apfelsaft, 0,5 l **Nachmittag:** 2 Äpfel , 1 l Wasser **Abend:** 1 große Gurke in Streifen geschnitten, Steinsalz, 3 Knäckebrot mit Streichkäse, 3 Scheiben Rauchkäse 40%, 1 Kiwi, 1 Orange, 1 große Handvoll Nüsse, 1 Rotwein **Sport:** 1 Std 15 Min. Radfahren (Bergfahrt)
9.5.	97,00	**Frühstück:** ½ Avocado m. Zitronensaft und etwas Steinsalz, 1 Kiwi, Kaffee, Wasser, 1 Apfel, Erdbeeren **Mittag:** Gedämpfte Fisolen, geröstete Zwiebeln, Hirse und Salatschüssel mit vielen knackigen Salaten und Radieschen, Kaffee, ½ l Kräutertee, Kaffee **Nachmittag:** ca. 0,25 l Acidophilus Milch mit Flohsamenschalen, 3 Kaffee, Wasser, 1 Apfel **Abend:** Dinkelgries-Topfen-Auflauf, Kaffee, 0,5 l Sauerstoffwasser **Sport:** kein Sport
10.5.	96,85	**Frühstück:** Kaffee, Wasser, 1 Apfel, 1 Orange **Mittag:** 1 gr. Port. Szegediner Gulasch mit Kartoffeln, scharf gewürzt, Kaffee> **Nachmittag:** 1 l Wasser mit einen Schuss Apfelsaft, Kaffee, 1 Apfel **Abend:** 1 Essenerbrot, Streichkäse und Rauchkäse, 1 Handvoll Mandeln **Sport:** 1 Std. Radfahren, 5 Km schnelles gehen, 1 l Wasser
11.5.	97,10	**Frühstück:** Kaffee, Wasser, 1 Schnitte Essenerbrot mit Butter **Mittag:** selbstgemachte Pizza, reichlich belegt mit Mozzarella, Zwiebel, Paprika, Knoblauch, Kaffee, Wasser **Nachmittag:** 1 Orange, 1 l Wasser mit einem

		Schuss Apfelsaft, Kaffee, ½ Power Riegel, ca. 50-70 g Kokosfleisch einer Kokosnuss **Abend:** 1 Apfel, 1 Joghurt vom Bauern, Handvoll Mandeln, 1/8 l Rotwein, 1 Orange **Sport:** 1 ¼ Std. Radfahren,
12.5.	97,00	**Frühstück:** Kaffee, Wasser, 1 Apfel, 2 Orangen **Mittag:** Zwiebelsuppe Marke Eigenbau – mit Kartoffeln, Karotten, Kraut, Knoblauch, ca. 50 g Tofu, ½ Dose Thunfisch Natur, ½ l Kräutertee, Kaffee **Nachmittag:** 1 Schokolade-Karamelleis mit Nüssen überzogen, ½ Powerriegel, 0,5 l Sauerstoffwasse **Abend:** Zwiebelsuppe, Kaffee, Schokolade, Haselnüsse, 1/8 l Rotwein **Sport:** kein Sport
13.5.	97,10	**Frühstück:** Kaffee, Wasser, 1 Avocado, 1 Apfel **Mittag:** gegrillter Lachs mit Gemüse, Erdbeeren mit Joghurt, Kaffee **Nachmittag:** 1 Orange, 1 Apfel, 1 Apfel, 1 Punschtorte mit Zuckerglasur, Kaffee **Abend:** Kaffee, ½ l Wasser, 1/8 l Rotwein, 1 Obstschnitte **Sport:** 45 Min. schneller Spaziergang
14.5.	96,80	**Frühstück:** ½ Avocado, Kaffee, 0,5 l Sauerstoffwasser, ¼ l Acidophilusmilch mit Flohsamenschalen, 1 Orange **Mittag:** 1 Portion Spaghetti mit Blattsalat, ½ l Leitungswasser **Nachmittag:** Gurken und Karottenstreifen mit Kräutersalz, 1 Orange **Abend:** Karottensalat, gedämpfte Kartoffeln, Krenstreichkäse, Camembert **Sport:** kurzer schneller Spaziergang 35 Min.
15.5.	96,70	**Frühstück:** Kaffee, Wasser, ½ Avocado, 1 Kiwi, 1 Apfel **Mittag:** Kartoffelgröstl mit Zwiebeln, Tofu & Champions, Blattsalate mit Radieschen, ½ l Kräutertee, Kaffee

		Nachmittag: ca 50 g Tofu, 0,5 l Sauerstoffwasser
		Abend: 1 gedünsteter Fenchel, 2 Kartoffeln, ca. 50 g Camembert, Nuss-Paprikastreichkäse, 1 Knäckebrot, 1/8 l Wein, 1 Handvoll Haselnüsse, 3 kl. Stk. 85% Schokolade
		Sport: 50 Min. schneller Gang
		Ende der Aufzeichnungen für das Buch

(Kaffee wurde ohne Zucker oder Süßstoff getrunken)

Hier ein Beispiel, wenn Sie bei der Zubereitung der Speisen ein Mengenproblem haben; z.B. **Spaghetti für 2 Personen**.

Pro Portion ein gestrichener Suppenteller mit Spaghetti, ein halbes Glas Sugo aus dem Supermarkt, mit passierten Tomaten strecken, kleinwürfelig geschnittene Paprika und/oder Zucchini, braune Champions, 2 geraspelte Karotten, je nach Lust und Laune, Zwiebel, Knoblauch, Kräuter und Gewürze dazugeben und beim Servieren noch geriebener Parmesan darüber. **Fertig!**

Bei hochprozentigen Kohlehydraten machen wir es so, dass stets ein bisschen mehr unbedenkliche Kohlehydrate gegessen werden.

Die Einkaufsliste nach der ich/wir das Essen nach Lust und Laune zusammengestellt habe(n).

Stark kohlenhydrathaltig 10-15%	Unbedenkliche Kohlehydrate & pflanzliche Eiweiße, 75-80%	Tierische Eiweiße 10-15%
Ananas	Äpfel, Birnen	Acidophilusmilch
Apfelsaft	Avocado	Eier
Aroniasaft	Bio-Kräuteraufstrich	Forellen
Bananen	Blaukraut	Hartkäse
Bohnen	Broccoli	Joghurts
Buchteln	Champions	Leberkäse
Butterkekse	Chinakohlsalat	Milch
Cashewnüsse	Erdbeeren	Mozzarella
Dinkelbrot	Essenerbrot	Putenfleisch
Dinkelgries	Fenchel	Schafskäse
Haselnüsse	Flohsamenschalen	Seelachs
Kokosbusserl	Gekeimte Samen v.	Topfen (Quark)
Linsen	Dinkelvollkornmehl	Weichkäse (Camembert)
Mandeln	Gojibeeren	Wein
Nudeln	Gurken	Ziegenkäse
Pizza	Karotten, Kartoffel	
Schwarzbrot	Kiwi	
Schokoladen	Knoblauch, Kräuter	
Spaghetti	Kohlrabi	
Tortellini	Kohlsprossen	
Vollkornbrot	Kürbisgemüse	
Weißbrot	Oliven, Paprika	
Wrap vom McD.	Orangen	
	Pilze, Radieschen	
	Rote Rüben	
	Sonnenblumenkerne	
	Tofu	
	Waldbeeren	
	Zucchini	
	Zwiebeln	

Die 40-jährige Berg- und Talfahrt

Mit 18 Jahren – 118 Kg.

Mit 22 Jahren – ca. 118 kg

Mit 33 Jahren – ca. 85 kg

Mit 39 Jahren - ca. 85 kg

Mit 42 Jahren – ca. 97 kg

Mit 47 Jahren – ca.105 kg

Mit 50 Jahren – ca. 113 kg

Mit 55 Jahren – ca. 92 kg

Mit 57 Jahren – ca. 103 kg

Mit 58 Jahren – 108 kg

Mit 60 Jahren – Dez. 2011 – 115 kg

15 kg abgenommen
vom 13. Jänner 2012 bis 17. April 2012

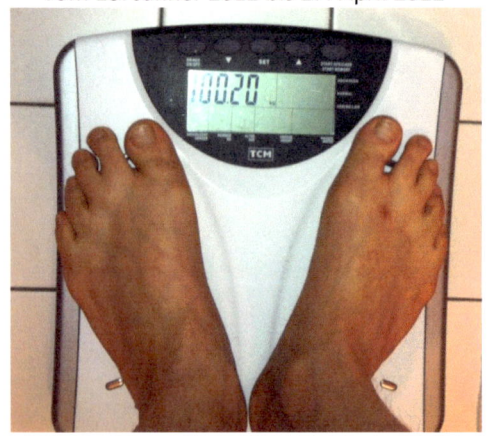

Wiegebild am 16.5.2012 - 19,3 kg abgenommen

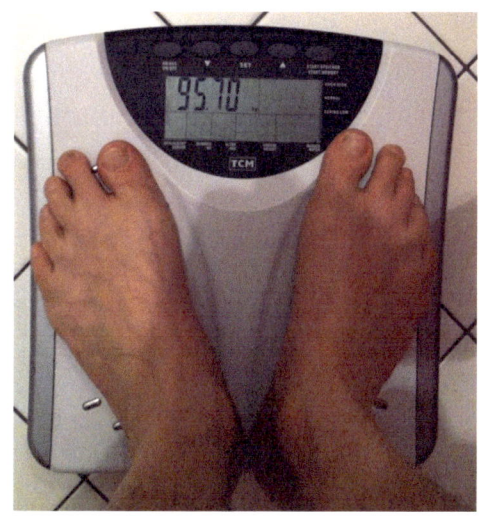

Wiegebild am 8.6.2012 – 21,4 kg abgenommen

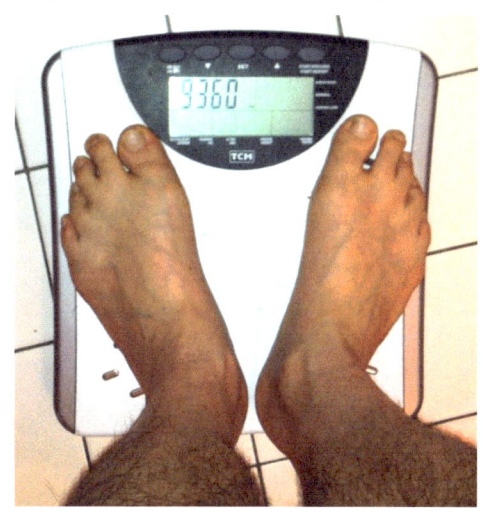

Wiegebild am 20.06.2012 – 22,5 kg abgenommen

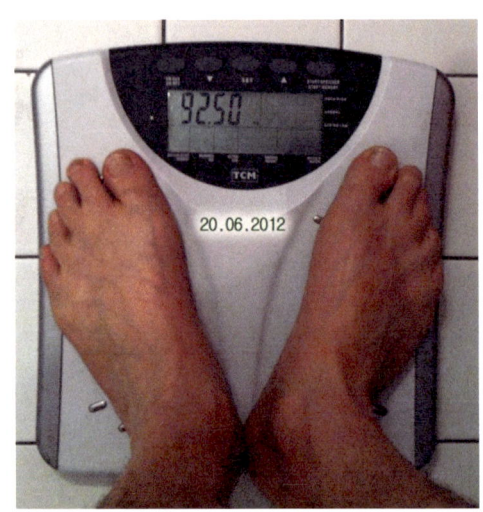

Wiegebild am 14.07.2012 - 24,5 kg abgenommen

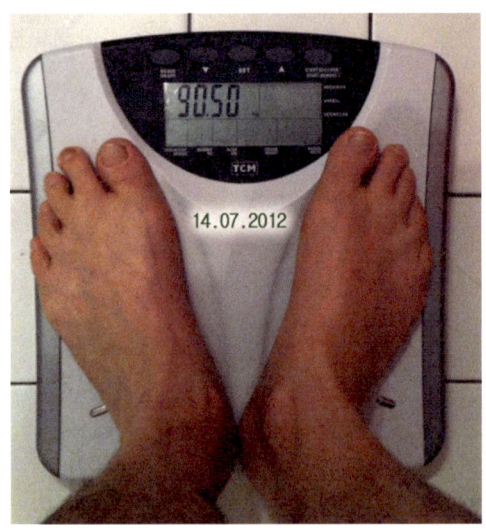

Weitere Wiegebilder sehen Sie unter
www.abnehmen-1a.at

Eine kurze Zusammenfassung zum Schluss:

Es geht ausschließlich darum, dass Sie die krank machenden Ablagerungen aus Ihren Zellen/aus Ihrem Organismus herausbringen.

Machen Sie sich **keinen täglichen Ernährungsplan**, mit dem Sie sich selbst versklaven und benutzen Sie **keine Kalorientabellen**. Dies ist gegen jeden natürlichen Ernährungsrhythmus.

Denken Sie beim Essen und beim Einkaufen daran - Ihre Zellen benötigen nur **3% Stickstoff-Atome** (tierische Eiweiße) und **16% Kohlenstoff-Atome** (alle Arten von Kohlehydraten). Ein Zuviel dieser Stoffe wird in den Zellen abgelagert.

Geben Sie Ihrem Körper Zeit, nachzukommen! Wenn Sie 10 oder 15 kg Ablagerungen verloren haben, beschränken Sie sich ein paar Wochen oder Monate darauf, mit bewusstem Einkauf dieses Gewicht zu halten.

Ihre Haut braucht Zeit sich zurück zu bilden; das geht meist langsamer, als das Abnehmen.

Mit regelmäßigem Bürsten der Haut, täglich kalt duschen und einem Saunabesuch pro Woche können – wenn Ihnen die Ärztin/der Arzt Sauna nicht verboten hat – wird die Haut nicht runzelig und sie bildet sich rascher zurück.

Wenn Sie sich immer besser fühlen und es Ihnen mit dem Abnehmen zu langsam geht, kommen Sie in die Versuchung, jetzt einmal richtig „Gas zu geben", damit es schneller geht – **machen Sie das nicht und hungern Sie nie**, es bringt Sie keinen Schritt weiter; das genetische Gedächtnis aus Urzeiten ist schlauer als Sie.

Zwingen Sie sich nicht zu sportlichen Aktivitäten! Ihr Impuls zu mehr Bewegung kommt ganz automatisch, wenn Ihre Zellen wieder mehr Sauerstoff bekommen.

Schonen Sie sich bei Sportarten, die die Gelenke belasten. Dort befinden sich bereits viele Ablagerungen, die sich nur langsam auflösen. Deshalb kann es sein, dass Sie gelegentlich Schmerzen in den Knien oder in der Hüfte bekommen, die aber meist bereits wieder am nächsten Tag verschwunden sind.

Verkalkungen gibt es für Sie nicht mehr! Es handelt sich ausschließlich um Kohlenstoff- und Stickstoffablagerungen, die Ihr Organismus nicht verarbeiten konnte.

Diese Ablagerungen kommen nicht automatisch mit dem Alter; Sie haben sie selbst mit Ihrer Ernährung verursacht. Sie **haben die Wahl,** auch noch mit 80 J. fit und gelenkig zu sein.

Sie können in Zukunft die seitenlangen Anzeigen und Werbungen getrost ignorieren, in denen Ihnen neuen Wunderpillen und Drinks präsentiert werden, mit denen Sie angeblich auf natürliche Weise abnehmen.

Sie brauchen keine Hilfen mehr, wenn Sie Ihren Zellen mit dem Essen jene prozentuelle Zusammenstellung geben, die sie auch verarbeiten können.

Sie brauchen beim Einkaufen und beim Essen nur an 3.4.16% denken, dann ist alles **möglich;** ohne Diäten oder Kalorienzählen.

Zum Abschluss wünsche ich Ihnen viel Erfolg mit diesen Informationen und hoffe, dass es Ihnen ebenso leicht fällt wie mir, immer öfter an den vielen Kohlenstoffbomben im Supermarkt vorbei zu gehen.

Zur Erinnerung: Ich verzichte nicht auf Kekse, Waffeln oder Schokolade und auch Sie müssen das nicht tun – **es kommt nur auf die Dosis an!**

Gästebuch & monatlicher Erfahrungsaustausch
Schreiben Sie Ihre Erfahrungen mit dieser Wegbeschreibung in das Gästebuch bei **www.abnehmen-1a.at**
Sie helfen anderen Interessierten, dadurch eine neue Sicht zu gewinnen und erhalten auch von anderen Einträgen neue Impulse für sich selbst.
In der Website werden auch Informationen über monatliche Treffen zu einem Erfahrungsaustausch veröffentlicht.

Nicht mein Körper ist davon abhängig was ich mit ihm mache, sondern ich bin davon abhängig, wie lange er das mitmacht.

(Autor: unbekannt)

Der Schlüssel

Für Ihre Notizen